Tucholsky Wagner Zola Scott Sydow Freud Schlegel
Turgenev Wallace Fonatne
Twain Walther von der Vogelweide Fouqué Friedrich II. von Preußen
Weber Freiligrath Frey
Fechner Fichte Weiße Rose von Fallersleben Kant Ernst Frommel
Richthofen
Hölderlin
Engels Fielding Eichendorff Tacitus Dumas
Fehrs Faber Flaubert
Feuerbach Maximilian I. von Habsburg Fock Eliasberg Zweig Ebner Eschenbach
Ewald Eliot Vergil
Goethe Elisabeth von Österreich London
Mendelssohn Balzac Shakespeare Dostojewski Ganghofer
Trackl Lichtenberg Rathenau Doyle Gjellerup
Mommsen Stevenson Tolstoi Hambruch
Thoma Lenz Hanrieder Droste-Hülshoff
Dach Verne von Arnim Hägele Hauff Humboldt
Karrillon Reuter Rousseau Hagen Hauptmann Gautier
Garschin
Damaschke Defoe Hebbel Baudelaire
Descartes
Wolfram von Eschenbach Schopenhauer Hegel Kussmaul Herder
Bronner Darwin Dickens Rilke George
Melville Grimm Jerome
Campe Horváth Aristoteles Bebel Proust
Bismarck Vigny Barlach Voltaire Federer Herodot
Gengenbach Heine
Storm Casanova Tersteegen Gilm Grillparzer Georgy
Chamberlain Lessing Langbein Gryphius
Brentano Lafontaine
Strachwitz Claudius Schiller Kralik Iffland Sokrates
Katharina II. von Rußland Bellamy Schilling
Gerstäcker Raabe Gibbon Tschechow
Löns Hesse Hoffmann Gogol Wilde Vulpius
Luther Heym Hofmannsthal Klee Hölty Morgenstern Gleim
Roth Heyse Klopstock Kleist Goedicke
Luxemburg Puschkin Homer Mörike
Machiavelli La Roche Horaz Musil
Navarra Aurel Musset Kierkegaard Kraft Kraus
Nestroy Marie de France Lamprecht Kind Kirchhoff Hugo Moltke
Laotse Ipsen Liebknecht
Nietzsche Nansen Ringelnatz
von Ossietzky Marx Lassalle Gorki Klett Leibniz
May vom Stein Lawrence Irving
Petalozzi Knigge
Platon Pückler Michelangelo Kafka
Sachs Poe Liebermann Kock Korolenko
de Sade Praetorius Mistral Zetkin

Der Verlag tredition aus Hamburg veröffentlicht in der Reihe **TREDITION CLASSICS** Werke aus mehr als zwei Jahrtausenden. Diese waren zu einem Großteil vergriffen oder nur noch antiquarisch erhältlich.

Symbolfigur für **TREDITION CLASSICS** ist Johannes Gutenberg (1400 — 1468), der Erfinder des Buchdrucks mit Metalllettern und der Druckerpresse.

Mit der Buchreihe **TREDITION CLASSICS** verfolgt tredition das Ziel, tausende Klassiker der Weltliteratur verschiedener Sprachen wieder als gedruckte Bücher aufzulegen – und das weltweit!

Die Buchreihe dient zur Bewahrung der Literatur und Förderung der Kultur. Sie trägt so dazu bei, dass viele tausend Werke nicht in Vergessenheit geraten.

Von Fiesole nach Pasing

Otto Julius Bierbaum

Impressum

Autor: Otto Julius Bierbaum
Umschlagkonzept: toepferschumann, Berlin

Verlag: tredition GmbH, Hamburg
ISBN: 978-3-8424-0351-2
Printed in Germany

Otto Julius Bierbaum

Von Fiesole nach Pasing

1908

Fiesole und Pasing haben mancherlei gemeinsam. Z. B. mich, der ich im Winter Fiesolaner, im Sommer Pasinger bin. Aber damit läßt sich kein Staat machen, und, wenn ich nicht so schrecklich eitel wäre, würde ich es garnicht erwähnt haben. Bedeutsamer und interessanter ist, daß beide Städte eine Art Anhängsel zu einer großen Nachbarin sind. Sie verhalten sich je zu Florenz oder München etwa so, wie sich Charlottenburg zu Berlin verhält. Aber, während Charlottenburg jünger als Berlin ist, sind Fiesole und Pasing älter als ihre großen Nachbarinnen.

Fiesole zumal ist ganz schrecklich alt: so alt, daß es sich den Luxus eines mythologischen Gründers leisten kann: jenes etruskischen Königs Atlas, den Giotto in der Spanischen Kapelle zu Santa Maria Novella in Florenz als den Erfinder des Festungsbaus verewigt hat. Als er die riesigen Quadern aufeinander türmen ließ, von denen es einige bis auf den heutigen Tag gebracht haben, war von Fiorenza längst noch nicht die Rede, geschweige denn von Firenze. Die stolzen Florentiner müssen sich die historische Wahrheit gefallen lassen, daß ihre Stadt aus einem Komplex von Magazinen hervorgegangen ist, die die Bürger von Faesulae unten am Arno angelegt haben, wo die Händler von Nord und Süd passierten.

Mit so alten und gewichtigen Historien kann sich Pasing freilich nicht schmücken. Seine Gründer haben keinen Mythologen und keinen Giotto beschäftigt, und München ist aus keinen Pasinger Magazinen hervorgegangen; aber vor Isar-Athen ist es dagewesen, und der bajuwarische Name Pasing ist einmal römisch ausgesprochen worden, wenn ich bitten darf. Dort, wo jetzt die Englischen Fräulein junge Mädchen in Gottesfurcht, Weisheit und Klavierspiel unterweisen, steht noch ein altes Gewölbe aus jener vormünchnerschen Vergangenheit, und es gibt in der Bannmeile Pasings eine ganze Masse von Gräbern alter, toter Heiden, während München bloß lebendige Heiden hat, die zu nichts weiter zu gebrauchen sind, als Zeichnungen und Gedichte für unartige Zeitschriften zu machen.

Auch die Pflege der Kunst und des Rebenbaues haben Fiesole und Pasing gemeinsam, doch bleibt Pasing, wenn auch vielleicht nicht in der Kunst (worüber allein die Nachwelt füglich urteilen mag) so doch in der Weinkultur hinter seiner südlichen Parallelerscheinung zurück. Daß niemand auf die frevelhafte Idee kommen kann, Pasinger Wein zu keltern, versteht sich ohne weiteres von selbst, denn Essig läßt sich billiger herstellen, aber auch die Pillen, in denen das Produkt des Pasinger Weinbaues ausschließlich konsumiert werden kann, sind von einer erstaunlichen Winzigkeit und Härte. Sie ähneln mehr Wachholder als Weinbeeren. Aber Wachholderbeeren schmecken süßer.

Völlig gleich sind sich Fiesole und Pasing dagegen in der Leidenschaft des Parteigeistes, der ihre Bürger erfüllt, und sowohl in der alten Stadt des Nordens wie in der des Südens sind es allen anderen voran die Sozialdemokraten und die Klerikalen, die das Interesse an den politischen Problemen der Gegenwart nicht einschlafen lassen. Nur ist die Pasinger Leidenschaft mehr innerlicher Natur und äußert sich nicht gleich fäustlings, wie in Fiesole, sondern, wenn ich so sagen darf, mündlings. In Fiesole habe ich es einmal mit angesehen, wie die Teilnehmer an einer Prozession, angegriffen von einer Schar jener wenig angenehmen Straßenpolitiker, die man in Italien teppisti nennt (Gesinnungsstrolche auf deutsch), sich mit ihren großen Kruzifixen zur Wehr setzten. Derlei begibt sich in Pasing nicht. Aber mit Worten drischt man einander windelweich.

Natürlich gibt es auch einige Punkte, in denen die beiden Städte sich unterscheiden. So hat Pasing kein römisches Theater und Fiesole keine Bierbrauerei; in Fiesole wachsen Oliven, Artischocken, Feigen, in Pasing Kartoffeln, Rüben, Rettiche; in Pasing kann man Schlitten fahren, wenn man in Fiesole einen Sonnenschirm braucht; in Fiesole ist man so weit in der Kultur zurück, daß kein Mensch seinen Nachbarn durch Klavierspiel erfreut, während sich in Pasing jede Waschfrau für eine Barbarin halten würde, ließe sie nicht wenigstens ihrer Tochter den Walzer aus der Lustigen Witwe auf dem Fortepiano (aber weniger piano, als forte) beibringen.

Mit alledem glaube ich meine Objektivität genügend erwiesen zu haben, um nun ein kleines Loblied aus den »Uebel abwehrenden Felsen von Fiesole« (Ruskin) anstimmen zu dürfen.

Hier ist das edelste Werk getan
Allerlebendigster Kunst:
hier ist Kunst und Natur ganz eins.

Nichts verlor die Natur an die Kunst auf diesen Terrassen,
Die sich ihr fügten, indem sie sie edel
Faßten: Steine aus deinem Kern,
Fels von Fiesole.

Feld und Garten ist eins: es schlingt,
Wachsend aus gleicher Furche mit ihm
Zwischen den üppigsten Halmen des Korns,
Wolluststark sich die Rebe empor,
Keine Räuberin: Geliebte,
Hoch in den Ölbaum.

Alles umarmt sich hier: Rose den Lorbeerbaum,
Efeu die Eiche, die
Nie ihr Blatt verliert.

Engelwurz flicht sich sanft,
Liebevoll, Schmuck, ins Grün
Steiler, schwarzer Zypressen. Es hängt,
Gleich einem riesigen Bacchusgelock,
Blau der Glyzine Blütentraube
Schwer vom Säulengebälk der Villa.

Iris und Tulpen säumen das Garten-Feld;
Ueberall Sterne und Glocken im Gras,
Seltsame, feurige: namenlos
Nordischer Zunge.

Nichts scheint wild hier; alles ist Zucht;
Aber es ist die edelste Freiheit.
Dienerin wurde Natur dem Geiste,

Der aus ihrem Geist regiert.

Hier erkannt ich die Kraft
Und die herrliche Ewigkeit,
Hellas und Rom, des Sinns
Eurer Zeiten: hier
Lebt noch die *Herrscherin* Kunst, die *alles*
Bindet und hebt und verklärt und den Menschen
Wirklich zum Herren der Erde macht.

*

Ich bitte, diese Rhythmen nicht mit den Ueberschwenglichkeiten deutscher Hochzeitsreisepaare in eine Reihe zu stellen, die, aus Italien zurückkehrend, sich wohl ähnlich begeistert äußern. Ich mochte meinen armen Versen (in aller Bescheidenheit) den Vorzug vindizieren, daß sie ihre Entstehung nicht einem vorübergehenden Seelenzustand von mehr oder minder konventioneller Hochspannung verdanken, sondern von einem Menschen herrühren, dem die Voraussetzungen für eine allgemeine Italienschwärmerei leider abhanden gekommen sind. Es fehlt mir vor allem dazu jene Blindheit, die heute noch Italien so »sieht«, wie es früher von Dichtern und Malern gesehen worden ist, deren Suggestionskraft bis auf den heutigen Tag fortwirkt, obwohl in Wahrheit tatsächlich das Italien von heute ganz anders aussieht, als etwa das Land, das Goethe verkündet hat. Es hat noch immer viele Schönheiten, aber die alte Schönheit hat es nicht mehr. Seine Städte (nur wenige, wie Venedig, ausgenommen) sind modern verhunzt. Man muß sich, an allen Ecken und Enden geniert, mit Einzelheiten begnügen, wo früher ein reines Ganze rein erfreute. Es ist ein ästhetisch trauriges Verhängnis, das, als Folge volkswirtschaftlich sehr erfreulicher Umstände, unabwendbar scheint. Das Regno entwickelt sich mit der ganzen Lebhaftigkeit seiner höchst begabten und keineswegs in einem Rückgang seiner Lebenskräfte (ausgenommen die ästhetischen) befindlichen Bevölkerung zu einem Staate, der zu seinem Fortschritte derselben modernen Mittel bedarf, wie alle übrigen. Die Fremdenindustrie allein tut's nicht; er braucht auch andere. Und so braucht er z. B. elektrische Anlagen, braucht Fabrikschlöte. Aber die tausende elektrischer Drähte erdrosseln die Schönheit seiner Architekturen, und der schönste Kampanile büßt an ästhetischer Wirkung ein, wenn ihm ein Fabrikskamin benachbart wird.

Mit Micino vor der Zypresse

Dies sind nur Andeutungen. Es widerstrebt mir, das Thema aus-
zuführen. Denn ich liebe Italien noch immer und möchte niemand
die Freude daran vergällen, der es in Ferienbegeisterung mit wohl-

tätiger Blindheit besucht. Es wird ohnehin bald der Tag kommen, wo selbst Flitterwochenreisenden die Augen aufgehen werden. Hoffentlich sehen sie dann nicht *bloß* das, worauf man ästhetisch das Byronwort anwenden muß: »Schlecht und modern«.

Auch wird eins ja wohl immer bleiben: die italiänische Landschaft mit ihrem unendlichen Schönheitsreichtum. Vom Heroischen bis zum Idyllischen ist schlechterdings alles in dieser Landschaft vertreten: sogar der »deutsche« Wald.

*

Doch ich muß nach Fiesole zurückkehren, um in der Erinnerung noch einmal von ihm Abschied zu nehmen.

Daß ich es verließ, geschah aus force majeure. Hyperboräer meiner Corpulenz sind nicht dazu geschaffen, der toskanischen Sonne länger als bis zum Mai standzuhalten. Was hilft mir der schönste Garten, wenn ich ihn bei Tage nicht betreten kann? Und das angenehmste Landhaus wird unsympathisch, wenn es, von wegen der Hitze, die es umbrütet, zum Gefängnis wird, das man nur unterm Schutze des kühleren Mondes verlassen darf.

Also nahm ich meine Bilder von den Wänden der Villa Bardi, rollte meine Teppiche zusammen, machte ein Brettergehäuse um meinen hochherrlichen Schreibthron und griff zum Wanderstabe.

»Mit andern Worten: Du nahmst ein Reisebillett?«

Doch nicht. Ich hatte wirklich die romantische Idee, zu Fuße nach Pasing zu pilgern.

> Was Seume konnte, Hesse kann,
> Das kann ich auch. Es lebe,
> Hip, hip, der deutsche Wandersmann.

Aber meine Frau packte schweigend den Wanderstab ins Schirmfutteral und machte jeden Widerspruch zunichte, indem sie mir eine Fahrkarte nach Bologna überreichte. Also sprechend: »Diese Idee ist gut, wie alle deine Ideen. Ja, sie gehört sogar zu jenen besten deiner Ideen, die du nie ausführst. In diesem Falle mit Recht. Denn, gesetzt, du würdest sie wirklich ausführen: was wäre die Folge? Da würdest genau um die Zeit nach Pasing kommen, wo wir wieder von dort nach Fiesole reisen müssen.« Hyperbeln entwaffnen mich immer, denn es sind kondensierte Wahrheiten. Ich machte, das eheherrliche Prestige wenigstens formell zu retten, einige Einwendungen, die mit der Drohung endigten, ich würde also meine Wanderschaft von Bologna aus antreten, ließ mich aber ohne reellen Widerstand vors Tor bringen, wo mich auch schon (denn alles war schnöde Abkartung) Pietro, Fiesoles schönster Vetturino, mit seinem dicken Pferdchen erwartete, das auf den schönen Namen Palle hört, den man deutsch mit »Bällchen« übersetzen könnte.

»O Pietro,« sagte ich zu ihm, »wirst du dich nicht ganz verwaist fühlen, wenn dein treuester Fahrgast nicht mehr zurückkehrt?«

»O Signor Giulio,« antwortete er und sah dabei düster drein, »ich werde Sie nie vergessen, zumal, wenn Sie mir manchmal eine Ansichtspostkarte aus Deutschland schicken. Aber, bitte, immer mit Schnee.«

Pietro glaubt nämlich, daß es in Deutschland immerzu schneit.

»Warum gehen Sie eigentlich in dieses Land zurück?« fragte er dann, als wir, der Steilheit der alten fiesolaner Straße wegen, neben Palle herschritten. »Signor Bockeli« (so pflegte er Boecklin ins Fiesolanische zu übersetzen) »hatte immer den Schnupfen, wenn er aus Deutschland kam. Ich glaube, Deutschland ist das Vaterland des Schnupfens.«

»Aber auch meines, Pietro,« entgegnete ich, »und man muß doch zuweilen in sein Vaterland zurückkehren.«

Doch Pietro schüttelte den Kopf: »Signor Bockeli hat mir gesagt, daß dort ein Wein wächst, der ganz sauer ist. Ich würde so ein Vaterland so schnell als möglich verlassen und immer in Italien bleiben. Es kann unmöglich gesund sein, in einem Lande zu leben, wo es immerzu schneit und kein richtiger Wein wächst.«

»Aber Pietro,« sagte ich, »wer wird denn sowas glauben! Immerzu schneien! Im schlimmsten Falle vom November bis zum April.«

»Dio mio!« rief er aus, »es ist also wirklich wahr?«

»Nein, bloß halb!« rief ich entgegen, ganz verblüfft über diese arithmetikwidrige Folgerung. Aber es ist die Logik des Landes, und

Pietros Arithmetik war überhaupt von der Art, daß Verdoppelungen als die Regel anzusehen waren.

So hatte ich (um ein lehrreiches Beispiel anzuführen) mit ihm einen Fahrpreis ausgemacht, der allerdings nur die halbe Höhe dessen hatte, den die »forestieri« zahlen müssen; aber, da ich ihn beinahe täglich zahlte, stand sich der Palle Zügler doch ganz gut dabei. Indessen wurmte es ihn doch täglich, daß dieser schnöde Akkord unser Verhältnis regierte, und so suchte er mich langsam dahin zu erziehen, daß ich aus Beschämung und von Edelmut übermannt eines Tages freiwillig sagen sollte: Nein, Pietro, ich kann diesen billigen Preis nicht länger ertragen, – von heute ab zahle ich den doppelten. Das machte er so: Wenn wir abends von Florenz herauffuhren und die Zeit vorüber war, da er auf die elektrische Trambahn aufpassen mußte, legte er sich bäuchlings über den Kutscherbock weg, sein rundes Gesicht zu mir, das andre Runde seiner Leiblichkeit aber zu Palle gewendet: eine Pose, die Vertrauen zu seinem Pferdchen und Vertraulichkeit mit dem besten seiner Fahrgäste gleichermaßen ausdrückte. Und er begann zu reden:

»War Signor Bockeli sehr reich?«

–: »So, so.«

»Dann war er von Natur splendid.«

–: »Hm.«

»Wissen Sie, was er mir für eine Fahrt nach Florenz und zurück zahlte?«

–: »Nein, aber ich glaube es auch nicht.«

»Nie unter . . .« und er streckte beide Hände einige Male aus.

–: »Ach?«

»Ja! Und wenn er gut und viel getrunken hatte, sogar noch mehr!«

–: »Der Trunk ist ein Laster, Pietro.«

»Alle Deutschen trinken.«

–: »Ich nicht.«

Also: abgeschlagen.

Aber Pietros Phantasie hatte ein großes Repertoire. Einmal fragte ich ihn: »Kennst du die Gräfin Montignoso?«

Antwort: »Ich habe sie mehr als zehnmal zu Signor Toselli gefahren.«

–: »Ist sie hübsch?«

»Hm . . . na . . . nicht mein Geschmack. Aber: splendid ist sie. An ihren Trinkgeldern erkannte man die kaiserliche Hoheit. Nie unter zehn Lire!«

–: »Bloß Trinkgeld?«

»Bloß Trinkgeld!!«

–: »Weißt du was, Pietro?«

Er spitzte, denn er glaubte, daß ich endlich beschämt sei: »Nun?«

–: »Ich würde an deiner Stelle nur verliebte kaiserliche Hoheiten fahren, denn nur kaiserliche Hoheiten in diesem Zustande sind so verrückt.«

Wieder nichts also.

Sein stärkstes Stück war dies. Eines Abends blieb er länger schweigend, als es seine Art war. Er dachte offenbar heftig nach und disponierte den Angriffsplan. Endlich hub er an: »Signor Giulio: Sie sind ein Dichter.«

–: »Nur manchmal.«

»O nein: Sie sind ein studierter Dichter.«

–: »Gott bewahre!«

»Doch! Zwei deutsche Damen haben es mir heute erzählt. Ein Illustrissimo sind Sie.«

–: »Bloß auf den Briefkuverts.«

»Ich bitte um Verzeihung, Signor Giulio. Die Damen haben Bücher von Ihnen gelesen.«

–: »Ich kann es ihnen nicht verbieten.«

»Und sie haben mir gesagt, daß die Bücher sehr schön zu lesen seien.«

–: »Es waren liebenswürdige Damen.«

»Ungemein liebenswürdige Damen. Sie haben mir zehn Lire Trinkgeld gegeben.«

–: »Wirklich?«

»So wahr ich hier sitze.«

–: »Aber du liegst ja auf dem Bauch.«

Er setzte sich sofort in Kutscherpositur, ließ mir aber auch weiterhin den Anblick seines Antlitzes und fuhr fort: »Als ich mich höflich bedankte, – wissen Sie, was sie da sagten?«

–: »Addio!«

»Nein, Signor Giulio. Sie sagten . . .« (und jetzt stockte er doch) ». . . sie sagten: Sie haben Glück, daß Sie diesen Herrn fahren dürfen. Er ist nicht nur ein berühmter Dichter, sondern auch sehr reich, und er gibt . . .«

–: »Pietro, du bist ein Birbante und hältst mich für einen asino illustrissimo. Weißt du nicht, daß Dichter *nie* reich sind? Hast du nicht gelesen, daß euer erhabener Gabriele, der hundertmal berühmter ist, als ich, kürzlich seine Pferde hat versteigern lassen müssen? Und ich habe nicht einmal Pferde! Ich bin so arm, Pietro, daß ich mich sogar für meine Gedichte bezahlen lassen muß, und das ist eigentlich eine Gemeinheit. Gerade so gut könnte man sich für seine Küsse bezahlen lassen.«

»O,« meinte Pietro, »das ist noch lange nicht das schlechteste Geschäft. Ich kenne eine schöne Dame, die brillant davon lebt. Sie gibt mir regelmäßig . . .«

»Schweig!« schrie ich. »Soll ich mit Putanen konkurrieren, du Schurke?«

Kurz: Pietro hat es nicht erlebt, daß ich seine imaginären Trinkgelder ins Reich der gemeinen Wirklichkeit übersetzte. Doch kam er trotzdem nicht zu kurz. Ich spendete ihm alte Anzüge, in denen er sich wie ein Gott vorkam, und von denen er, wie ich erfahren habe, zu erzählen pflegte, sie stammten von einem unsinnig reichen Deutschen her, der allein für Bier täglich zwanzig Lire ausgab, jeden Tag *zwei*mal betrunken war und in der Zwischenzeit Verse machte, die man ihm so hoch bezahlte, daß er damit einen derartigen Lebenswandel bestreiten konnte. – Am stolzesten aber erregte meinen phantastischen Freund eine Mütze mit den Farben und Buchstaben der Hamburg-Amerika-Linie. Von dieser hat er ganze Gedichte in Umlauf gesetzt. »Solche Mützen trägt der Kaiser von Deutschland.« »Diese Mütze war schon dreimal in Amerika.« »Nur die höchsten Beamten dürfen in Deutschland solche Mützen tragen, denn es ist das kaiserliche Wappen darauf.«

*Mit Wiwwi, Thisbe, Brille und Luna
im Garten der Villa Bardi*

Sein Traum war, sich in dieser Mütze photographieren zu lassen. Aber ich sollte diesen Traum bezahlen, und dessen weigerte ich mich, da mir an Träumen gerade das sympathisch ist, daß sie nichts kosten.

Hinter der Villa Bardi

Ich verabschiedete mich von Pietro, indem ich ihm, da es das letzte Mal war, wirklich 10 Lire Trinkgeld gab. Seine Quittung lautete: Evviva la Germania!. – Und so verließ ich Florenz mit dem Hochgefühle, zur Popularität des Dreibundes in Italien Wesentliches beigetragen zu haben.

*

Ich weiß heute noch nicht, aus welchen eisenbahntaktischen Finessen es geschah, daß zwei Schnellzüge beinah gleichzeitig nach Bologna abgingen; bekannt und unvergeßlich ist mir aber die Tatsache, daß ich bei dem, den ich mir zur Fahrt auserkoren hatte, vergeblich auf den Facchino mit meinem Gepäck wartete; daß ich ihn, alle Facchinos von Florenz fürchterlich verfluchend, abfahren ließ; daß ich heiligen Zornes voll, ins Bahnhofsvestibül stürzte, fest entschlossen, den Pflichtvergessenen coram publico eine brutta bestia zu heißen; daß mir der Portier phlegmatisch erklärte, der Mann werde am »anderen« Schnellzug stehen, und daß dieser, als ich meinen Träger erreicht hatte, eben abfuhr.

Ha! Wie prachtvoll habe ich geflucht! Nicht im mindesten habe ich mich daran gekehrt, daß der Erzbischof von Florenz an allen Anschlageplätzen auf riesigen Plakaten männiglich des eindringlichsten ersuchte, das häßliche bestemmiare zu unterlassen. Ich mußte dieses Ventil öffnen. Donnert ja doch auch der liebe Gott, wenn zuviel Elektrizität in der Luft ist. Ein wahres Glück, daß mir das Blitzen versagt war. Jener Facchino wäre sonst heute eine Leiche, und im Fieramosca hätte es eine scheußliche Neuigkeit zu lesen gegeben unter dem Titel: »Brutalität eines deutschen Barbaren«. – Als ich mich ausgedonnert hatte, begab ich mich nach Santa Maria Novella und verrichtete in der Spanischen Kapelle meine Andacht vor dem hochheiligen Giotto, bis der nächste Omnibus nach Bologna ging.

Treno omnibus heißen in Italien die Bummelzüge. Ein ehrlicher und passender Name. Doch würde sich ein Autobus die Anzüglichkeit verbitten. – Bei meiner Vorliebe für langsame Verkehrsmittel befreundete ich mich mit dem Omnibus bald. Ich hatte mich vorsorglich mit einer schweren Last von Strozzibrödchen versehen (von mir so benannt, weil diese köstlichen mit Trüffelpaste bestrichenen Weißbrode gegenüber dem Palazzo Strozzi verkauft werden), führte Viktor Hehns »Italien« bei mir und hatte außerdem einen Bologneser Rechtsanwalt zum Reisebegleiter. Wie hätte ich mich da langweilen können? Nein, das tat ich gar nicht. Am wenigsten dann, als mich der Advokat angesprochen hatte. Er erzählte mir die ganze Geschichte der armen Contessa Murri, und ich fand wieder einmal, daß mein »Prinz Kuckuck« ein erbärmlich harmloser Roman ist. Zur Revanche erzählte ich ihm den Prozeß Eulenburg (den zweiten der unter der Firma Harden–Moltke gehenden). Ich werde mich hüten, wiederzugeben, welche Meinungen der italiänische Jurist über die Prozeßführung äußerte. Nicht verschweigen aber möchte ich, daß auch dieser gebildete Italiäner (wie schon manche vor ihm) mir bekannte, die Päderastie für eine Art weitverbreiteten deutschen Gesellschaftsspiels zu halten.

Ich verteidigte natürlich die Sitten des Vaterlands, fand aber wenig Glauben. Der Advokat meinte sonderbarerweise, die Sache hinge mit dem Militarismus zusammen. »Als ich zum ersten Male preußische Husaren sah«, sagte er, »war ich erstaunt, mit welcher Naivität die Militärverwaltung es zuläßt, daß diese verfänglichen

Neigungen gewissermaßen Uniformzuschnitt erhalten.« Ich dachte an das Exterieur des Herrn von Podbielski und lachte lauter, als höflich war. Ein anderes Argument des Bolognesers war ernsthafter. Er behauptete, daß es in Florenz zwei Hotels gäbe, die zu homosexuellen Stelldicheins benutzt würden, und die Kundschaft dieser sonderbaren Vergnügungsetablissements bestehe zu drei Vierteln aus Deutschen, zu einem Viertel aus Engländern. Daß ich davon auch schon in Florenz gehört hatte, verschwieg ich ihm und stellte mich sehr erstaunt. Tat überhaupt, im Vertrauen darauf, daß er den »Prinzen Kuckuck« zuversichtlich nicht kannte, recht naiv und erzählte ihm dann, was ich (aus meinem Roman) von Neapel gehört hätte. »Das ist wahr,« bekannte er, »aber die Hauptstadt der Päderastie ist jetzt nicht mehr Neapel, sondern Leipzig.« – Itzt entgeistert saß ich da. »Lipsia?« flüsterte ich, von Erstaunen übermannt. »Lipsia!« bekräftigte er mit festester Betonung. Da konnte ich nun nichts weiter denken, als: Ei Herrjeeses!

*

Um ja nicht in ein Spezialitätenhotel zu geraten, stieg ich in Bologna in der alten ehrwürdigen Casa Brun ab, die viel zu schweizerisch-solid ist, als daß sie irgendwelchen unpassenden Rendezvous offen stehen sollte. Meine Moral hat auch nicht im geringsten dort gelitten, aber mein Portemonnaie fand, daß die moralische Sicherheit etwas teuer erkauft sei. Indessen, was tut man nicht der Moral zuliebe? Ich für mein Teil bin zu jedem Opfer bereit, zumal dann, wenn die Küche eines Hotels so gut ist wie seine sittliche Solidität. Und dies darf der Casa Brun noch immer nachgerühmt werden.

Ich hatte eigentlich vor, in der Umgebung Bolognas eine Villa für den nächsten Winter zu suchen, aber ich fand, daß es ein Fiesole dort nicht gibt, und so beschränkte ich mich auf den Besuch des wunderschönen Friedhofs und des Oratoriums Santa Cecilia. Beides kannte ich noch nicht. Nun ich es kenne, erkläre ich: der kennt Bologna nicht, der es unterlassen hat, die heilige Cäcilie und den Friedhof zu besuchen. Der Friedhof von Bologna ist nicht so großartig gelegen und angelegt wie der Genuas, hat auch nicht so viele moderne Kuriositäten wie dieser, aber er besitzt einige entzückende Skulpturen aus der Zeit des Empirestiles, die zu betrachten ein großes Vergnügen ist. Besonders die »verschleierte Dame« ist mir in der Erinnerung geblieben: eine trauernde Grazie, aber nicht aus der Mythologie, sondern aus dem Leben. O anmutvolle Melancholie! Ich mochte einen Abguß davon haben, der in einer beschnittenen Lorbeerlaube stehen sollte, eine Bank darunter mit der Aufschrift:

> Wagt euch nicht her, Lärm und gemeine Lust,
> Geklimper und Geschrei!
> Hier träumt, umschleiert Angesicht und Brust,
> Melancholei.
> Sie will das Leben nur durch Schleier sehn
> Und weit von ihm entfernt.
> Sie kennt die süße Ruh: in sich zu gehn,
> Und hat der Wehmut großes Glück gelernt.

Von ähnlicher Art ist der Trost, den die Kunst Lorenzo Costas und Francesco Francias im Cäciliengebethaus spendet. Früher versuchte ich, solche Bilder nachzuerzählen. Heute weiß ich, daß das im besten Falle Dazudichterei ergibt. Jugend mag das immerhin besorgen. Warum soll man sich mit 20, 25, auch 30 Jahren nicht auch mal in eine gemalte Cäcilie verlieben? Treibt man mäßigen Windes den Fünfzigern entgegen, so tut man besser, die Hand von solchen Liebhaberkünsten zu lassen und sich damit zu bescheiden, daß man zu sich sagt: Was in Linien und Farben einmal voll ausgesprochen worden ist, läßt sich in Worten nur übertreiben; nimm, was du siehst, Mann, ganz in dich auf und warte, ob es bei Gelegenheit einmal seine Auferstehung im Verse erlebt, ohne daß du weißt, woher dir dieses Glück geschieht. – Hier aber sage ich nochmals: geht zur heiligen Cäcilie, wenn ihr nach Bologna kommt. Sie wohnt zwar schlecht, in einem etwas verwahrlosten Raume, aber ich hoffe, daß es euch damit geht, wie mir: mich ergreift Schönheit um so mehr, wenn man sie sich selber und dem Reize ihrer alten durch keine Restauration vermodernisierten Umgebung überlassen hat. Noch eine Weile, und die Tüncher kommen oder die Freskenabsäger. Ich für mein Teil werde die holdselige Cäcilie weder besuchen, wenn die Wände ihrer Umgebung in stilgerechter blitzblanker Buntheit prangen, noch wenn sie selber zwischen Plüschsofas in einem königlich italiänischen Museum steht. (Daß man sie selber jetzt schon etwas »ausgebessert« hat, ist schade; man wird in Italien und anderswo so lange an den alten Kunstwerken herumrestaurieren, bis der Zukunft nichts weiter überliefert ist, als jeweilig moderne Nachpfuscherei. Ist es nicht ein Zeichen pöbelhaftem Frechheit, seine Hände selbst an Heiligtümer zu legen? Und ein Schwindel ist es obendrein.)

*

Nachdem ich wiederum die erstaunliche Fertigkeit der bologneser Eßwarenhändler bewundert hatte, die Riesenkugeln der nicht genug zu preisenden Mortadella di Bologna in papierdünne Scheiben zu zerlegen (wodurch der Wohlgeschmack dieser Wurst der Würste erst ganz zur Geltung kommt) machte ich mich, wohl versehen mit Mortadella und, damit die Nase auch was habe, mit Acqua di Felsina, auf und fuhr nach Venedig.

Venedig! Ich wünschte, daß ich einen Ausruf erfinden kannte, der wie ein Schrei der Lust alles das verkündete, was mir diese Stadt ist. Dieser Wunsch kennzeichnet den Zustand von Faulheit und Entzücken, in dem ich mich fast immer befand, wenn ich in Venedig war. – Ja, ich liebe diese Stadt mehr, als irgend eine andre: es ist eigentlich die einzige Stadt, die ich liebe. Vermutlich deshalb, weil es keine Stadt gibt, die so ganz Stadt wäre, wie diese: so ganz Kunst. Denn ich liebe das Entschiedene.

Mag sein, daß auch das Verfallende an Venedig mir so lieb ist, und das völlig Extraordinäre. Nicht zu vergessen seine göttliche Ruhe auf den Kanälen und entlegenen Plätzen, vor allem seine Freiheit vom Gerassel der Wagen: seine Trambahnlosigkeit zumal.

Ihr verdankt es diese wunderbare Stadt auch, daß man sich an ihrer Architektur noch erfreuen kann, ohne durch dicke Drahtlinien geniert zu werden, die nun auch in Italien die architektonischen Bilder zerreißen.

Die Hauptsache aber ist: Venedig ist arm, Venedig hat keine Möglichkeit, Industrie im großen Stile zu beherbergen: reich und häßlich zu werden.

Das ist den Venezianern natürlich sehr unangenehm. Auch sie möchten gerne alte schöne Paläste einreißen und dafür Fabriken bauen. Bei allen Teufeln: ich freue mich innig, daß das nicht geht.

Jetzt sind sie dabei, einen Straßendamm über die Lagunen weg zur terra firma zu errichten. Ist diese Straße mal da, so hoffen sie, daß draußen Fabrikquartiere erstehen werden. Meinetwegen. Wenn nur die alte edle Venezia selber bleibt, was sie ist: die Stadt der verfallenden Paläste, der verschwiegenen Winkel, der graziösen Brücken, der engen Gassen, der lautlosen braunen Kanäle, der schwarzen Umschlagtücher, der schwarzen Gondeln.

In den sechziger Jahren des vorigen Jahrhunderts sollen die Stadtväter Venedigs ernstlich den Plan erwogen haben, den großen Kanal sowohl wie die nächstgelegenen kleinen zuzuschütten, um einen neuen Stadtkern zu bilden. Auch ein paar Dutzend der alten Paläste sollten daran glauben. Die, im Laufe der Jahrhunderte eisenhart gewordenen Pfähle, auf denen diese stehen, sollten, so heißt es, an amerikanische Pianofortefabrikanten verkauft werden, da ihr Holz das beste für den Pianofortebau sei. Diese Legende ist wohl eine Satire. Aber sie ist gut erfunden. Es hat in der Tat eine Zeit gegeben, wo die Venezianer höchst unglücklich darüber waren, keinen Boulevard, sondern den gran canale, keine großen Mietshäuser, sondern Paläste zu haben. Heute wissen sie ihre Spezialität besser zu schätzen. Da sie keine andere Industrie erheblichen Umfangs besitzen, haben sie die Fremdenindustrie im großen Stile ausgebildet. – Wer dürfte es ihnen verdenken? Es geschieht im ganzen auf liebenswürdige Manier, und das Geschmacklose, das damit einhergeht, läßt sich vermeiden, wenn man, zumal des Abends, den großen Kanal vermeidet. Wer aber ganz unbehelligt davon bleiben will, der besuche Venedig im Winter. Um diese Zeit ist die Lagunenstadt nicht bloß miasmen-, sondern auch fremdenrein.

Diesmal begann der Zufluß der Hochzeitsreisepaare eben, als ich dort war. Nun, es ließ sich ertragen. Die eigentliche Heuschreckenplage beginnt erst im Mai, der noch immer der beliebteste Honigmond ist. Auch fehlten die Gesellschaftsreisenden noch gänzlich, als welche gerade in Venedig mit einer Scheußlichkeit auftreten, die man als nationale Gefahr für den Ruf der Deutschen im verbündeten Italien bezeichnen muß. Ihnen verdanken wir es, wenn in italiänischen Blättern selbst intelligenter Herkunft noch von »deutschen Barbaren« geredet wird. Es fällt mir nicht ein, dies Geschwätz zu verteidigen, so weit es nichts als nationalistische Phrase derer ist, die, mit Gott weiß wie viel germanischem Blute im Leibe, von der

Herrlichkeit der »lateinischen Rasse« (einem Unsinn) reden und, mit Wissen äußerst wenig beschwert, das Vaterland Goethes für eine Art europäischen Indianerterritoriums zu halten scheinen, wo man säuft, exerziert und in schwerfällige Banausenschädel mühsam stopft, was von der Herren Latiner Kulturtafel gefallen ist. Dieses dumme Zeug ist nicht der Beachtung wert. Jeder wirklich gebildete Italiäner zuckt die Achseln darüber. Wenn sich aber italiänische Journalisten darüber mokieren, daß deutsche Touristen in Venedig mit der Lodenjoppe erscheinen, eine Adlerfeder auf dem Älplerhute, in der Hand den Bergstock, an den Füßen genagelte Stiefel, so haben sie ganz recht. Schon wird in venezianischen Volksstücken diese Sorte Deutscher lächerlich gemacht; diese und eine andere, noch weniger erfreuliche: die der Vaterlandsprotzen. Ich sah solcher einmal fünf Gondeln voll den Grankanale entlang fahren, schwarz-weiß-rote Fähnchen schwingend und dazu die Wacht am Rhein gröhlend. Das ist nicht bloß geschmacklos, sondern lümmelhaft und hahnebüchen dumm.

Diesmal genoß ich eines eleganteren Anblicks. »Il gran cancelliere dell' impero germanico« weilte in Venedig und ging fleißig spazieren in den engen Gäßchen hinter seinem Hotel. Da ich in demselben Hause wohnte (das zwar Hotel Britannia heißt, aber ganz deutsch ist), so hatte ich verschiedene Male Gelegenheit, mich davon zu überzeugen, daß Fürst Bülow ein sehr munterer Reichskanzler ist, der witzig zu erzählen und seine Erzählungen dramatisch zu beleben weiß, so zwar, daß er Stimmen und Bewegungen gleichermaßen gut imitiert. Ich denke mir, daß auch diese Begabung ihn bei S. M. beliebt macht. Doch möchte ich diese Bemerkung nicht als abschätzig genommen sehen. Zur Diplomatie gehört auch die Kunst, denen zu gefallen, auf deren Mitwirkung man wesentlich angewiesen ist, und die es in der Hand haben, sich andere Partner auszusuchen. Zu den Gefahren der Monarchie gehört es, daß Genies, denen diese gefällige Kunst nicht eignet, der öffentlichen Wirksamkeit entzogen werden können, weil sie nicht imstande sind, sich nach Bedürfnis einzuspielen. Das staatsmännische Genie ist meist (nicht immer) heroisch beschränkt, es läßt sich zu vielen Rollen nicht gebrauchen; es ist vielmehr geneigt bei aller Loyalität selbst der höchsten Stelle die Rollen zu diktieren. Wenn aber die höchste Stelle selber durchaus nur nach dem Heroenpart verlangt, so muß die Peripetie eintreten und das ungefällige Genie wird ausgeschaltet. Ein Glück, wenn dann wenigstens ein Talent an seine Stelle tritt, das die Gefälligkeit nur so weit treibt, als es ohne Gefährdung der Interessen möglich ist, die noch höher stehen als die höchste Stelle. Es hat unter Umständen die Pflicht, auch contre coeur weiter zu spielen: dann, wenn es weiß, daß nichts Besseres nachkommt. Wenn man den Fürsten Bülow immer wieder daran erinnert, daß er kein Bismarck ist, so sollte man nicht vergessen, daß auch Wilhelm der Zweite nicht Wilhelm der Erste ist, und wenn man sich dies recht deutlich ins Bewußtsein nimmt, so wird man wohl zu dem Schlusse gelangen müssen, daß nicht viel damit gewonnen wäre, wenn sich der Husar kürassiermäßig *gebärdete*. Wir müssen uns daran gewöhnen, daß das Drama geendet und ein Salonstück begonnen hat, in dem für Heroen kein Platz ist. Seien wir froh, wenn in hervorragender Rolle ein Mann von Geist darin beschäftigt ist, der deplacierte Entgleisungen ins Heroische abwendet und dafür sorgt, daß nicht gar ein Intrigenstück daraus wird. Mehr können wir, wie die Dinge (und Personen) stehen, zurzeit kaum verlangen und erwarten. Doch tun alle die ein gutes Werk, die nicht müde werden, daran zu erinnern, daß in einem großen Volke heroische Gefühle und Bedürfnisse wohl einmal schlummern aber nicht einschlafen dürfen, und daß man auf einen Wechsel des Repertoires vorbereitet sein muß.

»Ein garstig Lied, pfui, ein politisch Lied!« Es ist aber nicht bloß der Kanzler des Deutschen Reiches daran schuld, daß ich mich, von Venedig redend, einer politischen Ruine, dazu verlocken ließ, sondern auch der gran cancelliere della poesia italiana. Doch würde Gabriele d'Annunzio mit diesem Titel keineswegs zufrieden sein. Wenn Nikolaus der Friedliche jetzt Zar aller Reußen ist, so ist Gabriele der Kriegerische heute Cäsar aller Lateiner. Die Höhe seines Ehrgeizes wird nur von der seiner Stehkragen erreicht. Alles an ihm ist glorios. Fällt ein Stück von ihm durch, so erhebt er den Durchfall noch in sublime Regionen, indem er ein Manifest erläßt, worin er seine Kritiker betrunkene Sklaven nennt. Stets ist er aktuell: wenn nicht in der Literatur, so durch Amouren, und wenn er wirklich einmal pausiert, so phantasieren ihm seine lateinischen Untertanen Legenden an, die lorbeerraschelnd durch die Zeitungen laufen. Ha: Gabriele ritt jüngst nackt ins Meer auf einem schwarzen Hengste

(Preis 50 000 Lire) und ward, zum Strande kehrend, von seiner Geliebten (Preis 50 000 Lire) mit einem purpurnen Linnen abgetrocknet. Ha: Gabriele besitzt 50 Hunde, 20 Pferde, einen nach Maaß gemachten Marmorsarg und ein Lesezeichen, aus einer japanischen Schiffsfahne gefertigt, die beim Untergang der russischen Flotte mit dabei war. Ha: Gabriele erhielt kürzlich von einem betrogenen Ehemann (herzoglichen Geblütes) drei Ohrfeigen, sechs Nasenstüber, fünf Tritte gegen den Magen (Arztkosten 10 000 Lire). Ha: Gabriele entließ einen Kammerdiener, weil dieser es gewagt hatte, ihm ein Nachthemd zu reichen (Preis 500 Lire), das schon einmal gebraucht war. – Das kann man komisch finden, aber es ist vielleicht nicht komischer, als mancher Hofbericht in Deutschland, der sich manchmal mit weniger interessanten Erlebnissen weniger interessanter Personnagen beschäftigt. Dagegen fand ich sehr schön, daß in Venedig, als »La Nave« aufgeführt worden war, die Verse d'Annunzios das Stadtgespräch bildeten; aber nicht so, wie man wohl auch bei uns von Versen redet: kritisch, abwägend, silbenstochernd, sondern gleichsam in einer Wolke von Enthusiasmus. In jedem Kaffeehaus hörte ich sie; man kostete sie aus, überbot sich darin, sie schön vorzutragen. Und Ruderklubs luden den anwesenden Dichter ein, ihre Ruder poetisch zu segnen.

Dieser Ueberschwang war indessen doch nicht rein poetischer Natur, sondern politisch tingiert, wie, allem Anscheine nach, (denn ich kenne es nicht) das Drama von der Gründung Venedigs selber. Wenn ich die Zeitungen richtig verstanden habe, so besorgt d'Annunzio mit La Nave unter anderem auch das, was bei uns der Flottenverein tut: »Das Schiff« fordert mehr Schiffe. Daß Gabriele seinen Lateinern nebenbei auch die Weltherrschaft reklamiert, halte ich für sicher. Zu ihm gehört jeglicher Größenwahn. Ohne seine Megalomanie wäre er nichts weiter als ein glänzender Dekorateur. Man kann sagen, daß bei ihm der Größenwahn das Genie ersetzt. Die instinktive Sicherheit des ästhetischen Urteils bei den Italiänern zeigt sich darin, daß sie die große Wortkunst ihres Gabriele zwar nach Verdienst schätzen und mit Kennergefühl preisen, sich aber durch seine blendende Diktion nicht dazu hinreißen lassen, ihn zu ihren großen Poeten zu stellen. Ich habe mich anfangs sehr darüber gewundert, denn ich glaubte, ein Dichter wie d'Annunzio müßte von ihnen geradezu als eine Art Inbegriff des Genies ihrer Rasse vergöttert werden. Weil der Italiäner sich leichter als der Deutsche zur Begeisterung hinreißen läßt, glauben wir, er besitze weniger Urteil als wir, die wir uns für die geborenen Kritiker halten, weil sich bei uns Kunstwerken gegenüber Enthusiasmus schwerer einstellt. Das ist ein Irrtum. Die große Empfänglichkeit der Italiäner für starke Kunstäußerungen beruht keineswegs auf einem Mangel an ästhetischer Kritik. Der Italiäner besitzt nur nicht jenes eigentlich unästhetische kritische Bedürfnis, hinterher die Gründe seines Enthusiasmus zu zergliedern. Wo er einmal ja gesagt hat, bleibt er mit Leidenschaft dabei. Aber er sagt durchaus nicht zu allem ja, – auch dann nicht, wenn er damit in den Ruf eines auserlesen Verständigen kommen könnte, der seiner Zeit voraus ist. Der Snob ist in Italien so gut wie unbekannt, weil es dort eine alte ästhetische Kultur gibt, die dem Typus des Kulturparvenus nicht günstig ist. Nur in der Musik scheint sich eine Art Snobismus herausbilden zu wollen.

Ich hatte Gelegenheit, in einem Tearoom zu Venedig (keine italienische Stadt ohne Tearooms) zwei junge venezianische Adelige, deren Namen ich zufällig erfuhr, über die Salome von Strauß reden zu hören, die sie in Mailand genossen hatten. Sie sahen genau wie junge Engländer aus und flochten auffällig viele englische Wendungen in ihre Reden ein.

»Ich habe«, sagte der eine, »die Empfindung gehabt, daß das gar nicht mehr Musik war, sondern verrücktgewordene Natur in Tönen. Eine unglaubliche Sache. Nicht eigentlich angenehm; eher beängstigend, aber höchst eindrucksvoll.«

»Es ist Musik«, sagte der andre, »aber barbarische. Diese Germanen streifen alle Fesseln der edleren Form ab und führen ihre alten Kriegstänze auf.«

»Ganz falsch!« war die Antwort. »Die Deutschen sind dekadent. Ihre Natur ist krank, wahnsinnig, hilflos. Sie haben keine Kraft mehr für die Form. Sie können nur noch heulen, stammeln, wiehern, kreischen. Aber es geschieht, wenn auch krank, so doch mit einer Inbrunst, daß man erschüttert wird und hinterher jede noble Form wie etwas Schwächliches empfindet. Es ist das Ende der Musik.«

Wieder der andre: »Aber jeder Musiker sagt dir, daß es nie eine Musik gegeben hat, die sich mit dieser an Kunst vergleichen läßt, oder besser: an Technik. Aber das ist doch schließlich dasselbe. Gewiß ist, daß Verdi nicht ausdrücken konnte, was Strauß ausdrückt, und daß Strauß ausdrückt, was wir empfinden. Wenn du das dekadent nennst, so sind wir eben auch dekadent, denn sonst könnten wir es nicht verstehen und mit Beifall begrüßen.«

So, präziser gefaßt, als es gesprochen wurde, der Extrakt des Gespräches. – Ich ging dann hinaus, zum Markusplatz, und der Zufall wollte es, daß die Kapelle einmal ausnahmsweise lauter ältere italienische Musik spielte: Musik, die meist schon zum Gassenhauer geworden ist, oder uns so vorkommt, weil sie uns keine Rätsel mehr aufgibt.

Da ich kein Renommee als Musikkritiker zu verlieren habe, darf ich ruhig bekennen, daß mir diese Musik sehr wohl tat. Sie erheiterte mich, war wie eine Aufforderung zum Tanze mit dem Leben. Ich wurde leichtsinnig und begann ein Gespräch mit einer kleinen Rothaarigen, die wohl nur einen Lord Byron bedurfte, um sich als eine Marianna zu entpuppen und eine guerra di landia aufzuführen, falls ihr eine Margueritta aufoktroyiert worden wäre. Aber ich bin viel zu bescheiden, als daß ich auch nun auf diesem Gebiete mit dem großen Lord wetteifern wollte. Es ging schon deshalb nicht, weil mir der venezianische Dialekt, den er beherrscht hat wie die Grazien, noch immer nicht eingegangen ist. Ich begnügte mich damit, der Kleinen zu eröffnen, daß sie ein hübsches Mädchen sei, wofür sie mich mit der Erwiderung beglückte, ich sei ein liebenswürdiger Fremdling.

»Was machen Sie denn tagsüber?« fragte ich.

»Blumen aus Perlen,« sagte sie.

»Das muß ja sehr reizend sein,« sagte ich.

»Aber es wird schlecht bezahlt,« sagte sie.

»Das ist nun so,« sagte ich, »die hübschesten Sachen werden meist am schlechtesten bezahlt. Mir geht's auch manchmal so.«

»Ach,« meinte sie, »Sie sehen nicht so aus, als ob Sie sich mit Polenta und Käse ernährten.«

Schon wollte ich ihr Bonbons kaufen, da erschien ihr Bräutigam und scheuchte mich mit einem Blick von dannen, der wie ein Dolchblitz funkelte. »Felicissima notte«, sagte ich.

Er empfahl mich der Madonna zu einem Geschäfte, das mich der Hölle überliefern würde, wollte ich es auch nur in Gedanken erwägen.

Darin sind die Popolanen Venedigs nämlich von einer blasphemischen Phantasie, die an Ruchlosigkeit und Schmutz unmöglich überboten werden kann. Ich glaube, die geringe Anzahl von Delikten gegen Leib und Leben, durch die sich Venedig auszeichnet, kommt daher, daß das venezianische Volk so fürchterlich mit dem Maule sündigt. Aber schrecklich ist es doch, derlei anzuhören. Worte können so furchtbar sein wie Taten. »Hüte deine Zunge!« ist eine Mahnung, die von frühauf einem jeden immer vorgehalten werden sollte. Die gute Kinderstube, die das besorgt, macht sich um Seele und Zukunft des Kindes sehr verdient. Wer seine Zunge im Zaume hat, hat meist sich selber in der Kandare. – Wenn nur nicht die Nerven wären, diese zitternden Sehnen, von denen die bösen Worte allzu schnell und allzu scharf fliegen. Ich habe es mir seit einiger Zeit zur Gewohnheit gemacht, in Augenblicken, wo die Nerven vibrieren und ein böses Wort abschnellen wollen, vor mich hin zu sagen: M. h. M! Dieses Geheimsiegel bedeutet: Mensch, halt's Maul! – Hätte ich darnach immer gehandelt, so würde ich mir, und was mehr ist: geliebten Menschen viel Unangenehmes erspart haben.

*

Ich hielt mich diesmal nicht lange in Venedig auf: die Stadt war nicht komplett. Es fehlte die Familie Naager. Wer meine »Sonderbaren Geschichten« kennt, besitzt ein freundschaftlich verzerrtes Familienporträt von ihr in der phantastischen Satire »Schmulius Cäsar«. Nachdem ich sie dort mit dem Karikaturstifte gezeichnet habe, werde ich nicht umhin können, nächstens eine ernsthafte Chronik der Familie Naager herauszugeben. Das wird in Form einer Monographie über Franz Naager geschehen, das stärkste und reichste dekorative Talent unserer Tage. Es scheint aber, daß unsere Zeit die künstlerisch *reichen* Naturen nicht liebt. Sie zieht die Spezialisten vor, die »Richtung« bedeuten. Franz Naager bedeutet Fülle, Verschwendung, Umfassen. Er ist schwer einzuordnen und auf eine bestimmte Manier festzulegen. Ein Form- und Stilgefühl sondergleichen vereinigt sich in ihm mit einer grundpoetischen Anlage voller Laune und Kühnheit. Aber es fehlt ihm alles Doktrinäre, und so denkt er gar nicht daran, sich an der Züchtung des »modernen Stils« zu beteiligen. Er ist vielmehr dezidiert unmodern: in einem Grade, daß man seine Arbeiten neben den besten Erbstücken alter, echter: gewachsener, nicht gezüchteter Stile sehen kann. Also ein Imitator, Eklektiker? Es tut mir leid, dies bejahen zu müssen. Er ahmt die Alten nach, indem er gleich ihnen so frei ist, auf seine Weise Formen, die schon da sind, zu entwickeln, und er holt sich seine Anregungen aus allem Schönen, das seiner Natur gemäß ist. Das Resultat ist aber immer ein echter Naager: ein Stück, das keinem alten Stile angehört und auch nicht wie ein Stückwerk aus alten Meistern anmutet, sondern frisch und froh eine Meisterpersönlichkeit verrät, die gar nicht anders als originell sein kann, weil sie eine künstlerische Vollnatur ist. Es liegt mir ferne, die dekorativen Talente der Gegenwart mit Abschätzigkeit zu behandeln, obwohl ihre Bemühungen um einen modernen Stil für meinen Geschmack im günstigsten Falle die Erkenntnis geweckt haben, daß die sogenannten Biedermeier Leute von einem Geschmack waren, der sich modern sehr hübsch nüancieren läßt; ich habe auch allen Respekt vor denen, die so naiv sind, zu glauben, es ließe sich eine absolut neue Formsprache aus der Jungfernerde des genialen Gemütes emporkonstruieren, und die dabei, ziemlich logisch, dazu gelangen, sich das Lallen in Linien anzugewöhnen (was aber schließlich, wie alles Eintönige, langweilig wird): nur erscheint es mir als ästhetische Pflicht, auf die Existenz eines dekorativen Genies hinzuweisen, das ohne moderne Stilprätensionen Werke hervorbringt, die den ganzen Reiz von stilvollen Arbeiten der Vergangenheit haben und sich dennoch deutlich als Werke unserer Zeit manifestieren, – wenn auch nicht des Zeitgeistes, der jene Talente beherrscht. Naager hat Phantasie. Damit ist eigentlich alles gesagt. Er hat Einfalle. Er konstruiert nicht: er fabuliert. Aber er ist so sehr Mensch der Form, des Raumblickes, daß seine Linien und Flächen auch als solche *empfunden* und damit konstruktive Werte sind. Es kommt nur eben noch etwas hinzu: er gibt mehr als bloß Gerüst. Wer die Nüchternheit als das kennzeichnende Merkmal unserer Zeit preist und die Phantasie nur insoweit gelten lassen will, als sie sich bei technischen Erfindungen betätigt; wer dem Dogma der »Zweckkunst« anhängt und also an eine »Kunst« glaubt, die in einem äußeren Zwecke aufgehen kann (z. B. in dem, einen bequemen Stuhl zu bauen, was aber doch wohl nur insofern eine Kunst ist, als es nicht jeder kann); wer wirklich sein volles ästhetisches Genüge daran hat, an einem Gegenstande seine konstruktive Richtigkeit zu empfinden, und es gnädig nur zulassen will, daß diese »dekorativ« betont werde; wer so bescheiden und (pardon) so gefühlskahl ist, daß er in der Kunst nicht mag, was in der Natur herrscht: den Ueberfluß, Ueberschwang, die Verschwendung: der wird an Naagerschen Arbeiten keine Freude haben. Es wird ihm gehen, wie dem Dresdener Bürgersmann, den ich vor einem Pariser Hutmodell in die Worte ausbrechen hörte: »So ä Unfug! Das is ja gee Hut mehr! Das is ä Blumentopp.« So kann bei Naager ein Kamin ein Wintermärchen sein; eine Tapete eine Idylle; eine Wandbekleidung in Marmor ein byzantinischer Hymnus; ein Figurenfries eine holländische Humoreske; eine Vase ein Liebesgedicht; ein Vorsatzpapier eine Zärtlichkeit; ein Kachelfußboden kann vom Sommer, ein Wandbespannstoff von romantischen Abenteuern erzählen. Alles, was aus seinen Händen hervorgeht, spricht, singt, musiziert. Aber es ist immer die stille Musik echt dekorativer Kunst.

Hoffentlich führt er bald einmal wirklich aus, was ich ihm seit Jahren predige: daß er in Venedig eine Ausstellung seines künstlerischen Reichtums: eine Palastausstellung macht.

Schade, daß er diesmal, in Berlin für einen Auftrag des Kaisers beschäftigt, nicht in Venedig war, wohin er einzig gehört. Ich hatte mich so sehr darauf gefreut, mich über ihn zu ärgern. Andre Souveräne wechseln, wenn sie sich besuchen, Höflichkeiten miteinander; wir wechseln Grobheiten. Sein Lieblingswort ist Kretin. Ich ziehe Idiot vor. Man kann sich auch auf diese Manier sehr gern haben. Für solche Fälle gilt das M. h. M. durchaus nicht.

*

Statt seiner besuchte ich einen anderen Freund und Künstler: Wladimir Schereschewsky. Er gehörte einmal zu den großen Hoffnungen des malerischen Naturalismus in München. Uhde schätzte ihn sehr hoch, aber auch Menzel. Zwei seiner großen Elends-Malereien gingen in öffentliche Galerien über. Er aber verschwand aus München, sah in Venedig die alten Italiäner und erklärte, künftighin nicht mehr Dreck mit Dreck malen zu wollen. In der Oeffentlichkeit hörte man erst dann wieder von ihm, als in venediger Zeitungen große Artikel erzählten, Signor Wladimiro sei verrückt geworden und weile im Irrenhause. Das war wirklich wahr. Schereschewsky, von jeher ein Schwärmer und Grübler, war aus der geistigen Balance geraten. Den Anstoß dazu hatte ein Erlebnis mit der politischen Polizei Oesterreichs gegeben, deren Brutalität wohl auch ein weniger irritables Nervensystem hätte zum Rasen bringen können. Man hatte ihn nahe der dalmatinischen Küste in einem Segelboote arretiert, weil man ihn, der ein paar photographische Aufnahmen machte, für einen italiänischen Spion hielt. Obwohl man bald merken mußte, daß er das nicht war, ließ man ihn zehn Tage lang mitten im Sommer in einem glutheißen Arrestlokale, weil er sich nicht ausweisen konnte, wohl aber zugab, vor Jahren aus Rußland politischer Meinungen halber ausgewandert zu sein. Ha: ein Nihilist! Ha: ein Mensch, um den sich sicher kein Konsul bemühte! Ha: eine entzückende Gelegenheit, Macht fühlen zu lassen, ohne einen Rüffel befürchten zu müssen! Kurz: ein bißchen Tortur und dann Abschub nach Italien. Er kehrte unter Wahnvorstellungen zurück, und es kam zu einem Anfall, der die venezianischen Behörden zwang, den in der Lagunenstadt sehr beliebten, ja populären Maler zu bitten, er möge sich ins Irrenhaus begeben. Das tat er ganz gerne, denn er suchte Ruhe vor gewissen Stimmen, die ihn verfolgten. Wie er sich beruhigt hatte, ließ ihn der Direktor der Anstalt, der ihn schätzte, wieder gehen. Ich fand ihn beim Schachspiel im Café Orientale. Wenn das verrückt war, was er sprach, so ist Verrücktheit eine sehr geistreiche Sache, und ich wünschte, oft so verrückt zu sein, wie Wladimir Schereschewsky. Aber eines war wirklich verrückt an ihm, und ich habe ihm gesagt, daß er dafür verdiente, wieder auf die »Insel der Narren« gebracht zu werden. Nämlich: er zerstörte jedes seiner Bilder immer in dem Momente, wo es vor der Vollendung stand. So vor allem sein großes Abendmahl, von dem alle Künstler, die es in irgend einem Zustande gesehen hatten, erklärten, es sei zu einem Meisterwerke angelegt und voller Schönheit, Kraft, Eigenart. Als ich ihn traf, ließ er es aber überhaupt niemand mehr sehen, und ich durfte erst dann ins Atelier, nachdem er es in seiner ganzen Riesenlänge mit Tüchern verhangen hatte. Dafür zeigte er mir ein andres, gleichfalls sehr großes Bild in der schon sehr weit gediehenen Skizze, das er »verso la luce«: »Dem Lichte entgegen« nannte. Es stellt eine Schar Arbeiter vor, die, »das Helle vor sich, Finsternis im Rücken«, einem nackten Knaben folgen, der singend vor ihnen herschreitet. Dort, wo sie herkommen, liegt Ruß und dunkle Röte in der Luft; dort, wo sie hingehen, ist silberiges Licht und blauer Himmel. Nun: ein nicht weiter originelles Symbol. Ueber die Idee des Bildes kann man so und so denken. Ich lasse mich darauf nicht ein, weil die Bewertung dieses Kunstwerkes nicht davon abhängt, wie man sich zu seinem Gegenstande verhält. Ich hatte, als ich es sah, die Empfindung, vor den Anfängen einer großen Sache zu stehen, vor dem Meisterwurfe eines Inspirierten. Welch ein Ausdruck in den Köpfen! Welche Wucht in der schwerfälligen und doch inbrunstvollen Bewegung der Menge! Welcher Adel in dem singenden nackten Knaben! Wie meisterhaft zur Monumentalität vereinfacht alles Aeußere: Gewand, Landschaft, Lichtkontrast! Welch großer Zug in der gewaltigen Komposition!

Ich war erschüttert, und ich sagte zu meinem Freunde: »Wenn du zu so was die Kraft hast, magst du meinetwegen im übrigen so viel Stimmen hören und Einbildungen hegen, wie du willst. Die Psychiater halten diese Stimmen und Einbildungen für Symptome einer Krankheit mit einem sehr gelehrten Namen; du selber hältst sie für etwas Reelles; ich bin so frei, dir zu erklären, daß diese Dinge mir sehr nebensächlich erscheinen, solange sie dich nicht hindern, ein derartiges Werk zu konzipieren und mit dieser Herrschaft über alle Mittel der Kunst anzulegen. Sie irritierten mich vis-à-vis diesem

Bilde ebensowenig, wie etwa Zahnschmerzen, von denen du geplagt worden wärest.«

Aber Wladimir machte ein düsteres Gesicht und sagte: »Gewiß; ob ich verrückt bin oder nicht, ist nebensächlich, solange ich arbeiten kann. Das Scheußliche ist nur, daß ich weiß: ich werde auch das da nicht fertig bringen.«

»Warum?« fragte ich: »wegen der Stimmen?«

»Ich pfeife auf die Stimmen!« schrie der Maler. »Diese Stimmen genieren mich gar nicht beim Malen; im Gegenteil: sie regen mich an. Was mich aber wirklich verrückt macht, das ist: daß ich kein Geld habe, mir Modelle zu nehmen. Siehst du: anlegen kann ich ein Bild ohne Modelle; wenn ich aber so weit bin, daß ich es fertig machen möchte, dann seh ich: das und das und das ist falsch, hat keine Anatomie, ist nicht gesehen, ist bloß gedacht; und da muß ich mir was Lebendiges danebenstellen können, zu vergleichen und zu korrigieren. Aber alles Lebendige will bezahlt sein, und ich habe kein Geld. Ich kann mir ja nicht einmal einen Raum mit Nordlicht mieten. Auf dieser Leinwand hier tanzen, während ich male, die Reflexe vom Kanal unten. Da wäre auch Raffael verrückt geworden! Ich male, male, male, aber ich weiß: es kommt ein Tag, wo mich die Wut packt, daß ich das ganze Zeug wieder zusammenschmeiße, weil ich's nicht fertig machen kann. Denn ich höre zwar, daß die Glocken von San Marco russisch reden, und die Wellen draußen am Lido italiänisch, und die Kanonenschüsse mittags vom Arsenal her oberbayrisch: aber die Stimme des Geldes vernehme ich nicht. Ich habe einen Heiligenschein aus Gold, va bene: aber den kann ich nicht versetzen. Ich muß ihn vielmehr verbergen, weil heutzutage ein Mensch ausgelacht werden würde, an dem man einen Heiligenschein bemerkt. Deshalb setze ich meinen Hut nur abends ab, wenn ich ins Bett gehe.«

Und er fing an, wunderlich zu reden. Ich aber sagte mir: Nicht bloß die Brutalität der österreichischen Polizei hat diesen Menschen von Genie um sein seelisches Gleichgewicht gebracht, sondern die Not des Lebens. Man muß ihm Geld verschaffen, und die Medizin ist da, die es verhindert, daß er vernichtet, was wert ist, der Nachwelt aufbewahrt zu werden. Mag er dann immerhin weiter Stimmen hören und eine Gloriole unter seinem alten Filz fühlen: wenn er nur fertig machen kann, was er mit so sicherer, schöner Kraft begonnen hat.

Und ich ließ mir das letzte seiner vor zwanzig Jahren entstandenen und damals so lebhaft gepriesenen sibirischen Gemälde nach München schicken, es dort aufzustellen und zu verkaufen. Er lebte in der Hoffnung auf, daß es mir gelingen werde, und begann sogleich, ein richtiges Atelier zu suchen.

Es wäre besser gewesen, ihm diese Hoffnung nicht zu machen. Das Bild kam nach München, aber kein Kunsthändler wollte es auch nur sehen. Sie kannten es alle und priesen es sehr, ermahnten mich aber, es nicht erst auspacken zu lassen. »Das ›Heimatlied‹ von Schereschewsky. O ja: eine starke Leistung. Politische Verbannte in einem sibirischen Bergwerk. Einer spielt auf der Balalaika. Die andern, an ihre Karren geschmiedet, hören zu. Prachtvolle Typen. Viel Ausdruck in den Köpfen. Dabei sehr fein in der Beleuchtung des unterirdischen Milieus, durch gelbes Öllampenlicht. Aber, erstens: es war vor zwanzig Jahren schon in der Sezession zu sehen, ist also keine Novität, und Schereschewsky ist mittlerweile vergessen worden; ferner: der Geschmack hat sich verändert; Bilder, die etwas erzählen, gelten als unkünstlerisch; die Kundschaft will heute Impressionismus oder Stilsachen. Und schließlich: so riesige Bilder kann ja kein Mensch hängen.« Einer wies überdies darauf hin, daß er russische Großfürsten zu Kunden habe, und denen könne er doch nicht zumuten, in seinen Räumen russischen Verbannten zu begegnen.

Ich sah ein, daß nichts zu machen war, und schickte das Bild zurück. Vielleicht wird es in Venedig für die Moderne Galerie angekauft, obwohl da schon ein großes Bild Schereschewskys hängt. Man liebt ihn dort persönlich und möchte ihm helfen. Auch ist man in dieser Stadt, wo man gewöhnt ist, Jahrhunderte alte Bilder noch schön zu finden, nicht so fürchterlich modern, um zu glauben, daß ein Bild, dem vor zwanzig Jahren ein Uhde und ein Menzel Worte der Bewunderung zollten, heute als altes Eisen zu bewerten sei, weil sich mittlerweile einige Dutzend von Umschwüngen in der Kunstanschauung vollzogen haben. (»Alles veloziferisch,« wie Goethe sagte.) Ich glaube, die Venezianer werden es nicht zu bereuen haben, wenn sie dieses Werk erwerben. Der Naturalismus ist gewiß überwunden, aber die starken Arbeiten aus seinem Geiste, zu denen das »Heimatlied« gehört, werden länger vom Respekte echter Kunstfreunde gehegt und geschätzt werden, als die vielzuvielen Dokumente einer geschmackvolleren Generation, denen die ehrliche, leidenschaftliche Hingabe sowohl an malerische wie innerliche Probleme abgeht, durch die sich diese Arbeit auszeichnet.

*

Als ich von Venedig abreiste, verschaffte ich mir, ohne es zu wollen, eine recht sonderbare Sensation: ich vergiftete mich ein bißchen. Das tu ich ja nun, wie die meisten meiner verehrten Zeitgenossen, täglich, und ich betreibe diesen Sport sogar recht heftig, indem ich stärksten Tee literweise trinke und dem Kraute Nicotiana mit mehr Leidenschaft als Vernunft huldige. (Wie sollte ich auch nicht, da ich in puncto Alkohol so unmäßig tugendhaft bin. Auch die Gifte sind dazu da, genossen zu werden, insoweit sie bei entsprechender Dosierung die freundliche Eigenschaft haben, das Lebensgefühl anzuregen. Nur ist leider die Dosierung ein schwieriges Problem.) Aber diesmal handelte es sich um kein Gewohnheitsgift: Ich gedachte, einen guten Schluck tinctura amara zu nehmen, die auf meinen Magen wirkt, wie Schumanns »Aufschwung« auf die Seele, vergriff mich aber in der Flasche und nahm einen herzhaften Schluck Opiumtinktur.

Ich erschrak nicht wenig und suggerierte mir zu den positiven Folgen noch einen ganzen Schwanz eingebildeter. Obwohl ich es mir längst vorgenommen habe, einmal in Venedig zu sterben, setzte ich der Aussicht, das jetzt schon abzumachen, lebhaften Widerwillen entgegen. Ich rannte in die deutsche Apotheke und verlangte ein Gegengift. Man riet mir, Kolapastillen zu essen und schwarzen Kaffee zu trinken. Folgsam, wie ich bin, tat ich das sogleich. Ich nehme sogar an, daß ich es viel zu folgsam tat, denn es ist wohl möglich, daß die Zustände, die mich darauf beglückten, ebensosehr die Folgen von Kola und Kaffee wie von Opium waren. Es war reizend. Ein wundersames Gefühl von blödsinniger Gemütlichkeit erfüllte mich ganz und gar. Ich wurde stupide lustig und hatte die Empfindung, daß wohlwollende Dummheit der angenehmste Zustand ist, in dem sich ein Mensch befinden kann. Es gab nichts

mehr, worüber ich mich geärgert hätte. Ich fand alles liebenswür-
dig, sogar mich selber. Da ich nicht denken konnte und gewissermaßen schlief, so träumte ich. Doch war es mehr ein Träumeln.
Meine Beine schienen unter mir zu baumeln. Ich fühlte den Erdbo-
den kaum, auf den ich trat. Wenn ich irgendwo angekommen war,
so schien es mir, als sei ich angekommen worden. Ich sprach wenig;
was ich aber sagte, sagte ich dreimal. Und immer lächelte ich dazu.
Sehr angenehm war es, daß ich gar keine Wünsche hatte und nie ein
Ziel. Meine Beine baumelten mich irgendwohin, und überall war
mir's recht. Dabei führte ich aber doch Absichten aus, die ich früher
gefaßt hatte. So kaufte ich mir schönes graues Büttenpapier in einem Laden, wo im übrigen Töpfe verkauft werden, was mir in diesem Zustande doppelt lustig vorkam. Aber ich kaufte statt fünf Kilo
dreißig. (Als ich am nächsten Tag das Riesenpaket im Hotel vor-
fand, erschrak ich nicht wenig bei dem Gedanken, diesen Popoka-
tepetl einmal betinten zu sollen.) In einer Gondel, in die ich gestie-
gen war, bloß weil es der Gondoliere gewünscht hatte, schlief ich
ein. Als ich erwachte, befand ich mich genau an dem Orte, wo ich
eingestiegen war. Sehr möglich, daß der Gondoliere so schlau gewesen ist, sich wegen des Schlafgastes, den er für betrunken halten
mußte, nicht anzustrengen, und daß ich einfach in der stehend ge-
wiegten Gondel geschlafen habe. Jedenfalls glaubte ich seinen Be-
teuerungen, er habe mich drei Stunden lang durch sämtliche Kanäle
gerudert, und zahlte ihm widerspruchslos die verlangte dreifache
Taxe. Und lächelte dazu. So freundlich bin ich sonst nicht, wenn
mich jemand begaunern will. Ich könnte mir diese Art Menschenfreundlichkeit als deutscher Dichter ohne Zuschuß aus irgend einer
fürstlichen Privatschatulle auch nicht leisten. Denn siehe da: ich
fand am nächsten Tage, daß mich der Schluck Opium 60 Lire über
mein Tagesbudget gekostet hatte (die Schwelgerei in Büttenpapier
nicht mitgerechnet). Nur dem Allwissenden mag es bekannt sein,
welchen Unfug ich mit diesem Kapitale angestellt habe.

Treppenweg in einem Fiesolaner Garten

Aus alledem geht hervor, daß der Zustand träumerisch vergnüg-
ten Blödsinns zwar angenehm, aber kostspielig ist. Nur sehr reiche
Leute können ihn sich auf die Dauer leisten. – Merkwürdig war mir,
daß ihm nur ein ganz gelinder Katzenjammer folgte. Wer weiß:
Vielleicht ist es ganz gesund, ab und zu einen Opiumtag der großen
Göttin Stupidität zu weihen. Das Gehirn ruht aus, die immanente
Menschenfreundlichkeit, sonst durch Kritik gemäßigt, wacht auf,
der Wille schläft ein, und man lächelt insipide einen Tag in animali-
scher Glückseligkeit dahin, ein Stückchen Nirwana genießend: alles
in allem ein Tag ohne Strapazen, ein Gehirnferientag, ein blauer
Mohntag des Lebens.

*

Ich fuhr nach Verona, nahm dort bei porta vecchia eine Droschke
und besuchte den heiligen Zeno, doch war es diesmal eine kurze
Visite, denn ich mußte zum nächsten Zuge nach Bozen wieder am
Bahnhofe sein. Es gelang. Aber es war ein schändlicher Zug: so voll
von Menschen, daß es nur im Zustande der Bemohnung ein Vergnügen gewesen wäre, in einem seiner Käfige sich transportieren zu

lassen. Ich ließ mein Gepäck in ein Coupé stopfen, bestach einen Schaffner und setzte mich in eines der Bremshäuschen, die eigentlich nur von Schaffnern benutzt werden dürfen. Diese erhabenen Sitze, die oberhalb des Waggondaches angebracht, aber verglast sind, gibt es, glaub ich, nur auf den Wagen der k. k. privilegierten Südbahn. Sehr komfortabel sind sie nicht; dafür haben sie den Vorzug einer unvergleichlichen unbehinderten Aussicht nach allen Seiten, auch nach vorn. Auch dichtet es sich dort vorzüglich. Ich schrieb in mein Notizbuch:

Venedig.

Das sind die Gassen der Vergessenheit.
Wohl: so vergiß! Dein Schatten an der Wand
Hat mehr Bedeutung, als dies »Meer von Leid«,
In dem dein Glück, ein Veilchenstrauß, verschwand.

Wer warf ihn weg? Du. Deine eigne Hand
Verwarf ihn. Stille! Jetzt ist er so weit
In Tiefen schon, daß ihn kein Lied erschreit:
Der dunkle Veilchenstrauß aus hellem Land.

Wohl möglich, daß daraus ein Sonnett geworden wäre, denn es kommt mir ganz so vor, als fehlte diesem Bukett das zusammenhaltende Band (ich kenne es – leider!) Aber plötzlich kam ein Gewitter hinter dem Zuge her. Es war wirklich, als ob es den k. k. privilegierten Südbahnzug persönlich verfolgte. Da Schnelligkeit die Sache dieser Eisenbahngesellschaft nicht ist, holte es ihn natürlich ein, und nun war es prachtvoll anzusehen, wie die schwarzen Wolkendärme über uns nach der dahin schießenden eisernen Schlange (Klapperschlange, versteht sich, denn auf keiner Bahn klappert's so, wie auf der k. k. privilegierten Südbahn) mit Blitzen zielten. War ich tapfer oder dumm, daß ich auch während dieses Donnerwetters in meinem exponierten Bremshäuschen sitzen blieb? Ich lasse die Frage offen. Da sie sich damals, als sie aktuell war, nicht bei mir eingestellt hat, verdient sie jetzt keine Antwort. Ich konnte aus dem einfachen Grunde nicht auf sie kommen, weil das Schauspiel, das ich genoß, zu schön war, als daß mich persönliche Fragen und Gefühle hätten beschäftigen können. Und so glaube ich denn, daß ich Gefahren immer sehr heldenmütig ins Auge schauen werde, wenn sie schön sind. (Kunststück! sagt Piefke.)

Als das Wetter merkte, daß es unsrer Klapperschlange nichts anhaben konnte, blieb es verdrossen in der »Berner Klause« stehen, während die k. k. privilegierte Lokomotive mit einem langen Triumphpfiffe in das breite Etschtal einfuhr, auf dem auch nicht der kleinste Wolkenschatten lag.

Soll ich das Etschtal beschreiben? Es fällt mir nicht ein. Ich bin nicht mehr so unerfahren zu glauben, daß sich Landschaften beschreiben ließen. Man kann im besten Falle Eindrücke eindrucksvoll wiedergeben. Diese aber richten sich nach allem möglichen, das mit der Landschaft gar nichts zu tun hat. Z. B. nach der Verdauung des Betrachters, oder nach seiner Nachbarschaft, oder nach seinen jeweiligen Seelenzuständen: ob er gerade verliebt ist, oder just einen Zahlungsbefehl erhalten hat, oder ob er vielleicht einen Reim auf Mensch braucht und des Peregrinus Syntax Reimlexikon nicht bei sich hat. Dieser Fall traf bei mir zu. Ich schäme mich, es zu gestehn, denn ich könnte es nun nachgerade wissen, daß ein Dichter von einiger Ueberlegung es vermeidet, das Wort Mensch reimherausfordernd an das Ende einer Zeile zu setzen. Vermutlich war es der erhabene Sitz im Bremshäuschen, der mich so übermütig gemacht hatte, zu glauben, der von 30 000 deutschen Dichtern seit Jahrhunderten gesucht Reim werde mir zwischen Trient und Bozen in den Schoß fallen. Aber wie verzweifelt ich auch suchte, er stellte sich nur in greulichen Mißformen ein, und ich gab das Rennen kurz vor Salurn auf. Da dort eine Ballade von mir spielt, hege ich eine gewisse Zärtlichkeit für diesen Ort, besonders aber für seine alte Burg, in der Dietrich von Bern seine Hochzeit mit der schönen Kurtatscherin gefeiert haben soll. Wenn ich Geld hätte, würde ich sie mir ausbauen. Doch nein: sie liegt zu nahe an der Bahn. Eine richtige Burg: die Burg, die ich bewohnen möchte: *meine* Burg, muß so gut wie unerreichbar sein. Was beschwere ich mich denn? Sie ist es ja; denn sie liegt auf dem Monde. (Bei dieser Gelegenheit eine Anmerkung: Die Zeiten, wo man in Tirol ein altes Ritterschloß für 98 Gulden 25 Kreuzer kaufen konnte, sind vorüber. Richtige, alte, rechtschaffen verwahrloste Nester gibt es überhaupt kaum mehr. Die Romantik hat dem Komfort Platz gemacht. Allerdings gebärdet sich dieser meist stilvoll. So brennt das elektrische Licht gerne in tückisch imitierten gothischen Laternen; aber der Teufel hole diesen Schwindel; er paßt nach Sachsen, aber nicht nach Tirol.)

*

In Bozen hatte ich eine originelle Anwandlung: ich wollte einmal nicht im »Greifen« absteigen. Das ist so, wie wenn einer nach Rom führe und wollte nicht dem Papst, sondern dem Oberrabbiner oder dem pastor primarius der evangelischen Gemeinde den Pantoffel küssen. Derlei kann man sich wohl vornehmen, aber man tut es nicht. Eine halbe Stunde nach meiner Ankunft saß ich in dem länglichen Speisesaal des »Greifen«, lautlos umhuscht von den traditionell weißgekleideten Servierladies dieses nun schon seit etwa 20 Jahren immer gleich gut funktionierenden Verpflegungsmechanismusses, dessen Seele die gleichfalls traditionell weißgekleidete Frau Staffler ist, mit der ich seit 15 Jahren immer wieder von Zeit zu Zeit folgendes Gespräch habe: Sie: Ah! guten Tag, Herr Professor! Sind Sie auch wieder zurückgekehrt? Ich: Ei ja wohl, Frau Staffler! Wie sollte ich auch nicht? Sie: Das freut mich so, Herr Professor! Ich: Und mich desgleichen, Frau Staffler! –

Dieses Gespräch, wie inhaltslos es auch erscheinen möge, lehrt zweierlei: 1. daß Frau Staffler an immer wiederkehrende Gäste gewöhnt ist (s. o.!) und 2. daß ich das Ansehen eines ungemein gelehrten Mannes habe. »Doktor« wird in deutschen Landen am Ende ein jeder Mann genannt, der nicht geradezu wie ein Kutscher aussieht oder durch eminent vornehme Allüren den Titel Baron herausfordert; aber der Professor wird doch wohl nur Leuten verliehen, denen profundes Wissen von der Stirne leuchtet. Ich begreife eigentlich nicht, warum man es sich in Deutschland noch immer so viel saure Mühe kosten läßt, akademische Grade zu erreichen, da man ihren Titeln ohnehin nicht entgeht. Vom 20. – 30. Jahre bin ich consensu omnium Doktor gewesen (die wenigen Menschen ausgenommen, die meine wissenschaftlichen Defekte aus Erfahrung kannten); vom 30. Jahre an haben sich die Stimmen derer bedenklich vermehrt, die mich als eine noch intensivere Leuchte der Gelehrsamkeit ansprechen. Ueber ein kleines, und ich werde Geheimrat sein. Da mir die Haare auszugehen beginnen, wird dieser Zeitpunkt, falls Capillomirakuloidol (Name geschützt.) nicht Wunder tut, bälder herangekommen sein, als mir lieb ist.

Daß mein würdevolles und weises Aussehen auch noch zu andern Trugschlüssen verleiten kann, mußte ich am nächsten Tage erfahren. Ich betrat ein Geschäft, dessen Besitzerin schon zur Zeit meines Südtiroler Aufenthalts fleißig dafür sorgte, daß Wiege und Kinderwagen nicht leer wurden. Auch diesmal hatte ich das Vergnügen, ihr zu einem Jungtiroler gratulieren zu können. Da sprach die Fruchtbare also:»Haben der Herr Professor auch Kinder?« Ich mußte gestehen: nein. »Aber natürlich!« erwiderte sie:»Der Herr Professor haben keine Zeit dazu.« Ich sah sie dümmer an, als es für einen Professor schicklich ist, und entfernte mich mit dem bedrückten Gefühle, daß ich nachgerade doch wohl etwas *zu* würdevoll und weise aussehe.

Die alte Erfahrung bestätigend, daß Verbrecher immer wieder an den Schauplatz ihrer Untaten zurückkehren, pflege ich fast stets, wenn ich in Bozen bin, einen Abstecher nach dem Eppan zu machen, wo das alte brave »Gschloß im Gschleich« liegt: Englar, die Hochburg meiner poetischen Sünden. Ich habe dort nicht weniger als zwei Romane, drei Bände Novellen, eine große Künstlermonographie und zwei dicke Kalenderbücher voller Gedichte und Prosa geschrieben, – einen Haufen Aufsätze garnicht gerechnet. Es ist nicht klug von mir, daß ich daran erinnere, denn eine derartige Fruchtbarkeit trägt nicht etwa eine gute Fleißnote, sondern das Verdikt ein: Vielschreiber! Aber was hülfe es mir, wenn ich es verbergen wollte? Die Schande ist offenbar, und einige meiner Englarer Produkte schämen sich nicht, von Zeit zu Zeit neue Auflagen zu erheischen. Ich weiß: auch das sollte ein kluger Autor verschweigen, denn, einmal, es macht mancherorts unbeliebt, und dann, es sieht wie Reklame und Renommisterei aus. Aber ich bin nun einmal so: ein bißchen Unbeliebtheit macht mir Spaß, und da das Renommieren auch dazu verhilft, so geht's mit hin. Deutlicher gesprochen: ich ärgere die Leute gerne, die mich ärgern. Und, ich muß es gestehen: dummer Neid ist mir immer ärgerlich gewesen. Er dient zu gar nichts, ist sich selber und der ganzen Welt nur zum Mißvergnügen da.

Ich werde immer auf dieses Thema gebracht, wenn ich Schloß Englar besuche. »Schloß Englar!« Kein Zweifel: das klingt feudal. Es war herausfordernd, die Widmungen der dort entstandenen Bücher sub »Schloß Englar« zu datieren. Aber es hat zu meiner Menschenkenntnis beigetragen. »Der Schloßherr von Englar« ist ein Bündel Drucksachen überschrieben, aus denen ich gelernt habe, wie gefährlich es für einen Dichter ist, in den Geruch eines »Schloßherrn« zu kommen. (Ein anderes Bündel trägt die Aufschrift: »Der Automobilbesitzer«.)

Uebrigens ist Englar, wie ich mich jetzt wieder überzeugt habe, gar kein richtiges Schloß. »In Berlin würde der olle Kasten uff Abbruch verkooft wer'n« sagte mir einmal ein Berliner Tourist, dem es gelungen war, bei Abwesenheit meines braven Wolfshundes Muschka in den Hof einzudringen. So unerbeten diese Kritik auch war, sie traf den Nagel auf den Kopf. Aber das Schöne an Englar ist gerade, daß es ein alter Kasten und kein ordentliches Schloß ist (wie das benachbarte Gandegg etwa oder Freudenstein). Auf den ersten Anblick wirkt es wie ein größenwahnsinnig gewordenes Bauernhaus. Diesem Ansehen entspricht die Umgebung: verfallende Mauern um einen unebenen winkligen Hof mit ein paar Scheunen. Trotzdem ist mir außer jenem Berliner Eindringling niemand (auch kein anderer Berliner) begegnet, zu dem nicht sofort das gesprochen hätte, was Englar mehr hat, als irgend einer der mir bekannten alten Tiroler Herrensitze: echt romantische Stimmung verbunden mit Behaglichkeit. Die Erklärung dafür mag paradox klingen: der romantische Reiz Englars beruht in dem Fehlen jeder romantischen Aeußerlichkeit. Diese pflegt sich meist durch Absichtlichkeit um die volle Wirkung zu bringen. Auch ist sie fast immer das Werk mehr oder minder moderner Restauration. Fast alle diese Schlösser sind eine Weile etwas ruinös gewesen. So auch Englar. Aber während die meisten übrigen, wenn ihre alten Besitzer zu Geld oder sie selber in fremde Hände kamen, »stilgemäß« hergerichtet wurden, so begnügte man sich, das gütige Schicksal sei gepriesen, bei Englar damit, dem alten Kasten ein neues Dach zu spenden und dieses immer mal von Zeit zu Zeit auszubessern. Dieses Dach entspricht dem Stile dieses sehr alten Gebäudes (von dem schon Urkunden aus dem 11. Jahrhundert berichten) zweifellos gar nicht. Auch Englar ist einmal »Burg« gewesen: mit Turm und Zinnen. Die ritterlichen Architekturbestandteile sind, wer weiß wann, kaputt gegangen, ohne daß die Grafen Khuen das Bedürfnis gehabt hätten, sie an einem Hause zu erneuern, das nun ja in der Tat keine Wehrburg mehr war, sondern ein Landsitz, dem nur aus alter Zeit der Name

Schloß anhaftete. Wäre es, gleich den übrigen Schlössern, jüngerer Herkunft gewesen, so hätte man vielleicht doch auf mehr stilgemäße Ausbesserung Bedacht genommen. Aber Englar war schon vor Jahrhunderten so alt, daß man sich auf seinen Urstil nicht mehr besinnen konnte. Man baute dort etwas an, da etwas an, besserte hier aus, dort aus: immer nur wie es das Bedürfnis gebot und der jeweilige Geschmack der Zeit wollte. Dann verfielen die älteren Teile, und das Haus begann schließlich (wie es nicht nur bei Genies, sondern auch bei alten Schlössern zu gehen pflegt) »von oben herab zu sterben«. Die oberen Stockwerke des noch immer turmartig hohen Hauses verrümpelten eines nach dem andern, bis es den Besitzern, die im zweiten Stocke wohnten, in die Suppe zu regnen begann. Das billigste Hilfsmittel, das sich bot, wurde ergriffen. Statt die ruinös gewordenen Mauern bis zur ursprünglichen Höhe hinauf auszubessern, legte man ein sehr hohes, sehr steiles Dach an, das nun freilich ebenso viele Dachboden- wie Wohnstöcke zu schützen hatte. Aber gerade dieses Dach ist für das heutige Englar charakteristisch und trägt viel zu dem gemütlich romantischen Reize des Ganzen bei. Obwohl es in der Anlage gewiß noch keine hundert Jahre alt ist, hält es jeder beim ersten Anblicke für gotisch. Ich bin nie so roh gewesen, meinen Besuchern die Illusion zu rauben, daß sie unter einem gotischen Dache schliefen. Warum auch? Ein ehrwürdiges Dach war es auf alle Fälle, und sein märchenhafter Eindruck verdiente es wohl, in der Phantasie gotische Verbrämung zu erhalten.

Nun stieg ich also wieder da oben herum und kam mir vor wie ein Mann, der in seiner eigenen Vergangenheit herumgespenstert. Ich bin ja gar nicht mehr Der von dazumal. Der »Schloßherr von Englar« war ein beträchtlich leitsameres Wesen, als ich es bin, und da er sich fremder Angelegenheiten mit rührender Beflissenheit annahm, war er wohl auch »liebenswürdiger« als ich. Sicher ist, daß er beliebter war. Ich kann es gar nicht sagen, wie angenehm es mir ist, dieser Beliebtheit über den Kopf gewachsen zu sein. Erst seitdem mir das gelungen ist, besitze ich ein Stückchen Weltüberblick und einiges Selbstbewußtsein. Wie danke ich allen denen, die mir dazu verholfen haben! Hier in Englar wurde ich, etwas spät, Mann. Es war ein sehr kritischer Moment, als mir das Glück geschah. Hätte es mich nicht mit Gewitterkeulen aus einer stark tranigen Idylle geweckt, ich wäre einem erbärmlichen Behagen verfallen und direkt aus dem lyrischen Knaben ein idyllischer Frühgreis geworden. Seitdem habe ich mir den Ausruf angewöhnt: »*Heiliges* Donnerwetter!«

Trotzdem schien es mir anfangs wie eine Vertreibung aus dem Paradiese, als ich Englar mit dem Gefühle heilsamsten Ekels verließ. So töricht ist der Mensch, wenn er die Quellen seiner Kraft behaglich hat verschlammen lassen. Man stelle sich einmal vor, was für ein fettherziges Gesindel aus der Adamsnachkommenschaft geworden wäre, wenn die nicht genug zu preisende Schlange dem ersten Paare nicht zu jener Exmittierung verholfen hätte, mit der die Geschichte der Menschen aus einer Idylle ein Drama zu werden begann. Die Not, die herrliche, zeugende Not trat ins Leben. Das war Jehovas bester Streich. Die Menschheit hat sich dafür durch Darbietung einiger gewaltiger Gesellen revanchiert; ihre schönste, übersichtlichste Opfergabe sind die shakespearischen Dramen.

Die wunderschöne Strecke zwischen Bozen und Brixen (von der weltlichen zur geistlichen Handelsstadt Tirols: beide nicht mehr recht in Blüte) pflege ich, wenn sich's irgend machen läßt, nicht im Dampfwagen, sondern in der Kutsche zurückzulegen. So auch diesmal. Es gibt kein schöneres Stück Land deutscher Zunge. Brixen fängt leider an, sich zu modernisieren. Auch der altehrwürdige »Elefant« ist neu aufgezäumt und hat dadurch viel von seinem Reize verloren. Es ist nicht mehr der, von dem ich in der Empfindsamen Reise im Automobil geschwärmt habe. Der Fortschritt ins Ungemütliche, Gewöhnliche vollzieht sich rapid, und kein Wasserkloset, kein Knipslicht vermag dafür zu entschädigen. Auch das brave Weiße Lamm »des Kantioler« in Klausen ist nicht mehr das alte, denn »der Kantioler« ist nicht mehr. Schlecht vernewert ist es nicht, aber es hat die Seele verloren. Dagegen ist das hohe Säben noch immer wunderbar wie je. Ich hatte, als ich es nun besuchte, Aegypten, Syrien, Palästina, Griechenland gesehen und mußte mir doch sagen: Eigentlich braucht man nicht so weit zu reisen, um große Eindrücke aus der Natur und Menschheitsgeschichte zu erhalten. Von der rhätischen, römischen Zeit bis zu Napoleon fühlte dieser Fels die Stöße der Weltgeschichte, und immer wurde hier oben Göttern geopfert. Das letzte große: ihr Leben, brachte jene Nonne dar, die 1809 als Braut Christi keinem französischen Soldaten gehören wollte und sich in den Abgrund stürzte. Nun breitet ein ungeheurer Christus die Bräutigamsarme an dieser Stelle aus: so riesig, daß er selbst in der Tiefe überlebensgroß wirkt, oben aber als ein Gigant der heiligen Liebe. Daß auch die heutigen Nonnen ihren Christus mit fraulich schmückender Liebe lieben, zeigte mir eine mitten in der unteren Kapelle stehen gebliebene Christusfigur, der die Klosterfrauen einen purpurnen goldbordierten Mantel umgehängt hatten. In die Dornenkrone schlang sich ein Kranz seidener Blumen, eine silberne Kette mit einem vergoldeten Medaillon schmückte den Hals. Ich hätte mich nicht gewundert, Ringe an seinen Fingern zu sehen. Es war eine sehr alte Figur, und der schönen Arbeit des gotischen Schnitzmessers war kein Gefallen damit erwiesen, daß sie, wer weiß zum wievielten Male, mit glänzender Oelfarbe überstrichen worden war, aber es läßt sich durchaus begreifen, daß die Nonnen keinen holzfarbenen, wurmstichigen, hartlinigen Christus haben wollten, sondern einen glatten, glänzenden, weiß und roten. Und es ist keine lästerliche Verirrung, daß sie den Schmerzensmann schmücken und putzen wie einen Bräutigam: es ist reine und echte Liebe der Gottesbraut. Als sie noch Dichterinnen waren, wie die Mechthild von Magdeburg, haben sie ihn mit küssenden Reimen geherzt, und »es ging die Allerliebste« (die Nonne) »zu dem Allerschönsten« (Christus) in die geheime Kammer der unschuldigen Gottheit; da findet sie »der Minne Bette und Minne Gelaß«.

Dieses Nonnenkloster Säben bei Klausen gehört sicherlich zu den gewaltigsten und schönsten Gebetsburgen der Christenheit. Seine Lage und sein Bau lassen keinen Vergleich mit Monte Cassino zu, denn alles ist hier anders, aber es darf neben der Gründung des heiligen Benedikt genannt werden als ein Ort von ebenso mächtiger Ehrwürdigkeit und ebenso großer Schönheit.

Es wird eine Zeit kommen, wo man es nicht begreift, daß gescheite Leute sich in Käfigen auf Schienen an dieser Herrlichkeit vorbeischleppen ließen und ihr Genüge daran fanden, aus einem roten Buche schnell aufblickend zu konstatieren: Säben, Nonnenkloster, rhätisch, römisch . . . usw.

»Ueber Reisen kein Vergnügen« sang man in der Biedermeierzeit, ehe das begann, was Goethe »veloziferisch« nannte, er, der auch hinter der Erfindung des Dampfwagens den Unsinn ahnte, der aus seinem Sinn werden sollte. Was ist das aber für ein trauriges Vergnügen, das man von den Gesichtern heutiger Vergnügungsreisender (Kinder ausgenommen) abliest. Jeder Handwerksbursche hat mehr von der Welt gesehen als sie, die, wo immer sie auch gewesen sein mögen, eigentlich nie gereist, immer nur transportiert worden sind. Dieser Unsinn ist so erstaunlich, daß er sich bloß pathologisch erklären läßt. Ein Mensch reist von Berlin nach Rom; in *einem* Rutsch; obwohl er Zeit dazu hatte und Geld, an den schönsten Orten Station zu machen, fährt er, aufs widerwärtigste eingesperrt, Tag und Nacht, immerzu rattatta, rattatta weiter; Tirol, Oberitalien, Florenz: da schläft er vorüber, dort skatet er vorbei, hier liest er deutsche, dort italiänische Zeitungen; nur weiter, nur weiter sein Billett geht ja bis Rom. Welch ein Wahnsinn! (Ich rede natürlich von Leuten, die zum Vergnügen reisen, und nicht von solchen, die notgedrungen zu einem bestimmten Termine in Rom sein müssen.) Er läßt sich durch nichts als sinnvolle Handlung beschönigen. Es kommt mir vor, wie wenn ein Mensch an einer Table d'hôte teilnähme und würde von der Suppe bis zum Gefrornen schlafen oder lesen oder sonstwas tun, und erst beim Käse zulangen. Es ist eine Epidemie, wie der Veitstanz im Mittelalter. Aber ich glaube, daß diese Massendrehkrankheit mit stärkeren Sensationen verbunden war.

*

Bei Borgo San Lorenzo hinter Fiesole

In Brixen stieg ich aber doch in den Zug. Ich mußte nach Hause und nun war meine Vergnügungsreise zu Ende. Grimmig schrieb ich angesichts des Siegmundskirchleins am Brenner in mein Notizbuch:

Hier entsäckelte einst der mutige Ritter den Kaufmann;
Siegmund dem Heiligen schuf dicht er ein Kirchlein dabei.
Nun am gleichen Altar entsühnte den Schnapphahn der Burgpfaff,
Und der Kaufmann hob dankend die Hände zu Gott:
»Herr, ich preise Dich! Herr, Du hast den Esel verblendet;
Siehe er ging auf den Leim: nahm nur den glitzernden Schund.«
Groß ist Gott. Er genießt die Menschheit, die er gebacken,
Wie er sie buk und verdirbt nicht mal den Magen sich dran.

Und bei St. Jodok, wo ein ehemaliger Kamerad die Sommerfrische zu genießen pflegt, der es nicht verwinden konnte, daß ich es ein wenig weiter gebracht habe, als er, gedachte mein Bleistift seiner und kritzelte:

Du willst mir in die Suppe spucken?

Welch Größenwahn und Unverstand.
Du kannst ja nicht mal bis zum Rand
Von meinem Suppenteller gucken.

Das kommt von der Eisenbahn: man denkt an Unerquickliches, das einem sonst nie einfällt; es fliegt einem mit dem Ruße an.

In Wörggl mußten zwei Mann einen schweren Wagen auf ein andres Gleis schieben. Der eine war ein Ironiker und sagte: »Arbeit macht das Leben süß!« Ich rief ihm entgegen: »Sauer ist mir lieber« und wurde für die Schändlichkeit durch lebhaften Beifall beider belohnt. Da ich sie darauf durch zwei Viertele Roten gut machte, hatte ich mich einer sehr aufrichtigen Ovation zu erfreuen, die in Gesang überging, als ich abfuhr:

Arbeit macht das Leben süß,
Sauer ist mir lieber.
Juhuhu! Juhuhu!

In Innsbruck stieg ein Mensch zu mir ins Coupé, der mich immerfort anstarrte und dazu den Lustigen Ehemann pfiff. Ich wollte eben die Notleine ziehen, da wurde er direkt und fragte mich: »Sind Sie nicht der Dichter des Lustigen Ehemanns?« »Nein,« antwortete ich, »der war ich einmal; aber ich ziehe den kleinen Kohn vor, und noch entzückender finde ich das Volkslied: Auf dem Baume sitzt 'ne Pflaume. Wenn Sie zur Abwechslung eines *dieser* Lieder pfeifen wollten, so würde ich Ihnen unaussprechlich verbunden sein.« »Hahaha.« lachte der Mann mir die Düfte seines Magens ins Angesicht, »hahaha, Sie sind ein Humorist!« Und er tat mir die höchste Ehre an, die ein literarisch gebildeter Deutscher zu vergeben hat: er verglich mich mit Otto Reutter. Das stimmte mich milde, und ich lehnte bescheiden ab. Aber er blieb dabei und meinte nur, daß Herr Reutter noch komischer aussähe, als ich. »Noch komischer?« rief ich, »das möchte ich denn doch bezweifeln. Sie sollten mich nur mal sehen, wenn ich mir Mühe gebe. Aber das geschieht natürlich nur im Engagement.« »Natürlich,« erwiderte er; »zu schade, daß ich nicht in Berlin war, wie Sie im Ueberbrettl sangen. Liliencron habe ich mal auftreten sehen, ich glaube in Köln, aber er sang leider nicht, las bloß vor. Wahrscheinlich war er nicht bei Stimme.« »Wahrscheinlich. Sonst hätte er gewiß »Die Musik kommt« gesungen.« »Deshalb war ich auch in die Vorstellung gegangen,« erklärte er, »und ich fand es eigentlich stark, daß der Herr bloß vorlas.« – »Sie haben offenbar viel Interesse für Literatur,« sagte ich. »Na,« sagte er, »nicht für alles: bloß für das Moderne. Aber auch bloß, wenn's vorgetragen wird. Lesen ist meine Sache nicht. Da fehlt ja auch die Musik bei.« »Freilich,« gab ich ihm zu, »und dann die Bewegungen! Die Mimik!« »Ja,« rief er aus, und seine Augen leuchteten: »Die Kunst. Und, sehen Sie, die hat Ihr Kollege Reutter doch riesig weg! Wenn er so mit den Armen schlenkert, oder er hat sich einen Rettich ins Knopfloch gesteckt und denkt, es ist ne Rose, und wie er daran riecht, merkt er's, und dann frißt er den Rettich auf! Göttlich! Gött–lich!« Und er besäuerte mich neuerdings mit einem Gelächter, das keinen Zweifel daran ließ, wie empfänglich er für Humor war. Ich unterhielt mich noch lange mit ihm über Literatur und Kunst und lernte dabei den Erfolg des Ueberbrettls begreifen, das seinen Platz in der deutschen Kulturgeschichte gewiß behalten wird. »Wir werden den Uebermenschen auf dem Brettl gebären«, rief mein Stilpe an der Stelle seines Romanes aus, der Wolzogen zu dem Titel seiner bunten Bühne inspirierte. Da saß er neben mir, der Uebermensch. Ich war aufs tiefste gerührt, schützte in Kufstein aber doch Geschäfte vor und setzte mich in ein anderes Coupé.

Dort saß (es war ein Coupé dritter Klasse) ein junges Mädchen und betete zu Goethe. Es las im Faust (Reklamheft). Ich bat der deutschen Kultur meine Lästerungen ab und erfreute mich des Anblicks. Da das junge Mädchen außerdem noch hübsch war, begann ich, als es das Buch zugeschlagen hatte, ein Gespräch. Ganz direkt: »Wundervoll, der »Faust«, nicht wahr?« – »Ja, herrlich!« – »Haben Sie ihn schon oft gelesen?« – »Oft? Nein. Jetzt das dritte Mal. Ich habe wenig Zeit zum Lesen.« – »Was lesen Sie denn sonst noch?« – »Ach wenig. Am liebsten Gedichte.« – »Wer ist denn Ihr Lieblingsdichter?« – »Wie meinen Sie das?« – »Von wem Sie am liebsten Gedichte lesen?« – »Von wem sie sind, ist mir einerlei. Ich schreibe den Namen nicht drunter.« – »Das verstehe ich nicht.« – »Nun ja, wenn ich ein hübsches Gedicht finde, schreib' ich mir's ab.« – »Ach so.« – »Ich habe schon ein ganz dickes Buch.« Sie zog es aus ihrer Plaidrolle und zeigte es mir.

Ich muß gestehen, daß ich selten in meinem Leben vor Stolz erröttet bin; hier wurde ich rot: denn ich fand in dieser Anthologie ein ganzes Dutzend Gedichte von mir.

»Wo haben Sie denn die gefunden?« fragte ich. – »Ach, die standen in einem dicken Buche. Aber die andern waren nicht so schön. Unser junger Herr hat mir das Buch mal geborgt.« – »Sie sind in Stellung?« – »Ja, ich bin Kindermädchen.«

Nun, dachte ich mir (denn Dichter sind eitel), ein ganzes Dutzend: das ist schon was, und hahaha (denn Dichter sind boshaft), von X und Y und Z war gar keins drunter.

Schade, daß wir so bald in München waren. Ich hätte mich mit dem Kindermädchen gerne noch lange über Gedichte unterhalten. Die Kleine hat mir auf eine sehr artige Manier auseinandergesetzt, wie ein Gedicht sein muß, wenn es ihr gefallen soll. Es lief darauf hinaus: Es muß so sein, als ob man es selber auch so hätte sagen können, aber doch wieder viel schöner; und es muß sein, als gehörte eine Melodie dazu; und es muß natürlich etwas fürs Herz sein: entweder »schrecklich« lustig oder »furchtbar« traurig.

Ich half der Kleinen, als sie ausstieg, mit vielem Respekt zu ihren Sachen und lachte dem humorbegeisterten Dyspeptiker, als er mich anschrie: »Nanu? Ich denke, Sie sind in Kufstein« mit so unzweideutigem Ausdruck ins Gesicht, daß er mich fürder nicht für einen Humoristen, sondern für ein Monstrum von Undankbarkeit halten wird.

In Pasing begrüßte mich meine alte Freundin Wiwwi mit all dem Ausdruck, den eine gute Hundeseele in die Bewegung eines Schwanzstummels zu legen vermag, und sie war nicht eher ruhig, als bis ich ihr versicherte, daß das Frauchen auch bald nachkommen werde.

Und von Pasing nach Fiesole schlug sich der mystische Bogen der Sehnsucht, der von Herz zu Herzen geht.

Über tredition

Eigenes Buch veröffentlichen

tredition wurde 2006 in Hamburg gegründet und hat seither mehrere tausend Buchtitel veröffentlicht. Autoren veröffentlichen in wenigen leichten Schritten gedruckte Bücher, e-Books und audio-Books. tredition hat das Ziel, die beste und fairste Veröffentlichungsmöglichkeit für Autoren zu bieten.

tredition wurde mit der Erkenntnis gegründet, dass nur etwa jedes 200. bei Verlagen eingereichte Manuskript veröffentlicht wird. Dabei hat jedes Buch seinen Markt, also seine Leser. tredition sorgt dafür, dass für jedes Buch die Leserschaft auch erreicht wird.

Im einzigartigen Literatur-Netzwerk von tredition bieten zahlreiche Literatur-Partner (das sind Lektoren, Übersetzer, Hörbuchsprecher und Illustratoren) ihre Dienstleistung an, um Manuskripte zu verbessern oder die Vielfalt zu erhöhen. Autoren vereinbaren direkt mit den Literatur-Partnern die Konditionen ihrer Zusammenarbeit und partizipieren gemeinsam am Erfolg des Buches.

Das gesamte Verlagsprogramm von tredition ist bei allen stationären Buchhandlungen und Online-Buchhändlern wie z. B. Amazon erhältlich. e-Books stehen bei den führenden Online-Portalen (z. B. iBookstore von Apple oder Kindle von Amazon) zum Verkauf.

Einfach leicht ein Buch veröffentlichen: **www.tredition.de**

Eigene Buchreihe oder eigenen Verlag gründen

Seit 2009 bietet tredition sein Verlagskonzept auch als sogenanntes "White-Label" an. Das bedeutet, dass andere Unternehmen, Institutionen und Personen risikofrei und unkompliziert selbst zum Herausgeber von Büchern und Buchreihen unter eigener Marke werden können. tredition übernimmt dabei das komplette Herstellungs- und Distributionsrisiko.

Zahlreiche Zeitschriften-, Zeitungs- und Buchverlage, Universitäten, Forschungseinrichtungen u.v.m. nutzen diese Dienstleistung von tredition, um unter eigener Marke ohne Risiko Bücher zu verlegen.

Alle Informationen im Internet: **www.tredition.de/fuer-verlage**

tredition wurde mit mehreren Innovationspreisen ausgezeichnet, u. a. mit dem Webfuture Award und dem Innovationspreis der Buch Digitale.

tredition ist Mitglied im Börsenverein des Deutschen Buchhandels.

Dieses Werk elektronisch lesen

Dieses Werk ist Teil der Gutenberg-DE Edition DVD. Diese enthält das komplette Archiv des Projekt Gutenberg-DE. Die DVD ist im Internet erhältlich auf **http://gutenbergshop.abc.de**

Zeitfracht Medien GmbH
Ferdinand-Jühlke-Straße 7
99095 Erfurt, Deutschland
produktsicherheit@kolibri360.de